# HISTOIRE & GÉNÉALOGIE

## DE LA MAISON

# D'EZPELETA

*PREMIÈRE LIVRAISON*

Imprimé par J.-B.-E. de Jaurgain, à Talence (Gironde). — 1877.

À Monsieur Antoine d'Abbadie
Hommage de l'auteur
J. de Jaurgain

# HISTOIRE & GÉNÉALOGIE

## DE LA MAISON

# D'EZPELETA

# HISTOIRE & GÉNÉALOGIE

## DE LA MAISON

# D'EZPELETA

PARIS

1876

CHAPITRE I

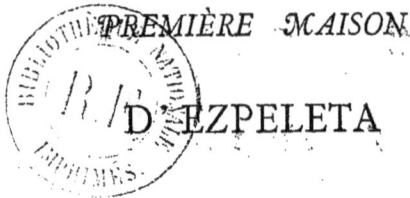

*PREMIÈRE MAISON*

# D'EZPELETA

I

a maison d'Ezpeleta est originaire du pays de Labourd, — ancien duché de Guyenne, — où étaient situés la baronnie de son nom et le château qui fut le berceau de cette vaillante race dont les chefs apparaissent dès le xı<sup>e</sup> siècle, au nombre des hauts barons Euzkariens, dans les annales de Bayonne, du Labourd et du royaume de Navarre.

Espelette, — *en langue Basque Ezpeleta, lieu couvert de buis,* — est une commune de 1500 âmes, à 20 kilomètres de Bayonne, et l'un des chefs-lieux de canton de cet arrondissement, — Basses - Pyrénées. On y voit encore aujourd'hui les restes du manoir des barons d'Ezpeleta, mais rien qui rappelle la forteresse primitive. *Je suis allé voir l'antique château d'Espelette* — écrivait, il y a quelques années, un auteur basque. — *Je n'y ai trouvé ni armoiries, ni tours féodales, ni vieux bastions. Les fondements de deux tours,*

*quelques débris de rempart, un grand corps de bâtiment d'un aspect disgracieux,* *voilà tout ce qui reste de sa grandeur passée* (1). On verra plus loin que les habitants d'Espelette avaient rasé l'ancien château, en 1637, lors de la confiscation de la baronnie par le roi de France; le parlement de Bordeaux les condamna à payer 25000 livres de dommages-intérêts à Barbe d'Ezpeleta.

Une enquête faite en l'an 1311, prouve que le village appartenait en entier aux seigneurs d'Ezpeleta. A cette époque, Edouard II, roi d'Angleterre, fit rechercher par des commissaires quels étaient, au juste, les droits de la couronne dans le Labourd. L'information établit que les seigneurs d'Ezpeleta, de Sault, de Lahet et de Pagandure avaient construit des habitations sans requérir l'assistance du bailli pour allumer le premier feu ; *mais que le seigneur d'Ezpeleta possédait en propre les terres de la paroisse* *d'Ezpeleta, le seigneur de Pagandure celles de la paroisse de Macaye, et le seigneur* *de Sault un vacant de peu d'importance dans la paroisse de Hasparren, et que dès* *lors le Roi d'Angleterre, Duc de Guyenne, n'y devait réclamer que les droits de* *haute seigneurie* (2).

Vassaux des princes d'Aquitaine, les seigneurs d'Ezpeleta, comme les seigneurs de Garro dont nous aurons à parler au chapitre II, suivirent la fortune des rois d'Angleterre jusqu'au XIV<sup>e</sup> siècle. Leur puissance était telle dans tout le pays Basque, leur réputation de bravoure si grande, que les rois de Navarre voulurent se les attacher; ils leur accordèrent de nombreux privilèges et donnèrent à chacun des seigneurs d'Ezpeleta et de Garro, un château au pays d'Ossès, dans la *Mérindée d'Ultra-puertos* (Basse-Navarre).

Les rois de France eurent aussi à récompenser les services que leur rendirent les seigneurs d'Ezpeleta, et Louis XI, étant à Bayonne, érigea

(1) C. Duvoisin, *Cambo et ses alentours*. Bayonne, 1858, in-12. pag. 74.
(2) Arch. de Bayonne, DD. 20, num. 1. *Inquisitio terræ de Labourt facta die veneris post festum annunciationis* *beatæ Mariæ virginis anno Domini m. ccc. xj.*

en baronnie la terre et seigneurie d'Ezpeleta, au pays de Labourd, en y annexant les droits de justice haute, moyenne et basse, par lettres patentes du mois de mai 1462, en faveur de Jean d'Ezpeleta, IIe du nom, seigneur du dit lieu, vicomte de Valderro, en Navarre, et lui accorda une pension de 400 livres, somme considérable pour cette époque.

Par la suite, les habitants du bourg voulurent contester quelques uns des droits de seigneurie des barons d'Ezpeleta; mais ils furent déboutés de leurs prétentions par lettres royales du 13 décembre 1476, et par plusieurs arrêts du parlement de Bordeaux que nous relaterons dans le cours de la généalogie.

Dès le XVIe siècle, les barons d'Ezpeleta habitèrent le plus souvent leurs palais de Pampelune et de Berriozar, et la vicomté de Valderro: aussi le château d'Ezpeleta perdit-il peu à peu de son importance. On voit par les Actes publics de Rymer, que ce manoir avait été reconstruit et fortifié par Bertrand d'Ezpeleta, premier vicomte de Valderro; Henry V, par lettres datées de Westminster le 24 août 1413, ordonna aux sénéchaux d'Aquitaine et des Lannes, au châtelain de Mauléon, au maire de Bayonne et au bailli de Labourd, de faire démolir et renverser *la forteresse de pierres* que le seigneur d'Ezpeleta, son homme lige, [*Dominus d'Esplete, armiger, ligeus noster,*] avait fait édifier et bâtir dans le territoire de Bayonne (1). Mais Bertrand d'Ezpeleta en appela et obtint gain de cause, car, en 1414, le comte de Dorcester, lieutenant général en Guyenne, rendit une sentence par laquelle il justifia *que Auger* [de Garro], *seigneur d'Espelette, ses antécesseurs et descendants, avaient eu, avaient, et auraient la justice audit lieu d'Espelette, et que les baillis de Lapord ne pourraient entrer dans leurs terres pour y prendre les décrétés, même les étrangers, sans demander et obtenir permission aux dits et des dits seigneurs* (2).

(1) Rymer, *Fœdera* etc. etc., tome IX, p. 47.
(2) C. Duvoisin, *Cambo et ses alentours*. pag. 75.

Les châteaux de Garro et d'Ezpeleta en Basse-Navarre, distincts de ceux du même nom, situés dans le Labourd, procurèrent à leurs seigneurs les droits et honneurs que possédaient les gentilshommes vassaux de la couronne de Navarre, et leur permirent de siéger aux Cortès comme chevaliers fiéffés, dans un royaume où l'entrée aux Etats était attachée aux *palacios de hijos d'algo*, et non personnelle (1).

❦ ❦
❦

## II

Les armoiries de la maison d'Ezpeleta sont *d'argent au lion rampant de gueules*, et Don Martin de Vizcay qui les blasonne *de plata con leon colorado rampante*, ajoute: *Los animales assi mesmo representan vencimiento y hechos valerosos. Los leones significan brabeza y valentia. Son armas comunisimas de casas particulares, de provincias y de republicas. Usan delos en sus escudos las de Agramont, Lacarra, Meharin, Harismendi, Irumberri, Laxaga, Santa Maria en Heleta, Labez. Satariz, Sala de San Pelay, San Esteven, Ezpeleta, etc.* (2).

Dans les sceaux des seigneurs d'Ezpeleta de la première race, le heaume est timbré d'une tête de chien braque, cimier que certaines branches ont conservé dans leurs armes.

Quoique le lion seul constitue l'emblème originaire de la maison d'Ezpeleta, les différentes branches de cette famille ont, suivant un usage très répandu en Navarre et dans toute l'Espagne, écartelé leurs armes de celles de diverses alliances.

(1) Martin de Vizcay, *Drecho de naturaleza, etc.*, Saragosse, 1621, in-4. pag. 100. — *Catalogue des Maisons Nobles de la Navarre donnant entrée aux Etats Généraux de ce Royaume.* Msc.
(2) Vizcay, *Drecho de naturaleza, etc.*, pag. 117 et 118. — Arch. de Pampelune, *Registro de las armas, etc.*, gr. in-fol.

Les armoiries de chacune de ces branches seront décrites dans le chapitre qui en donnera la filiation.

✦ ✦
✦

### III

Le premier sujet connu de cette noble race est Don Aznar, seigneur d'Ezpeleta, chevalier, l'un des douze ricombres de Navarre en l'an 1059 (1).

Doña Toda de Huarte, — que l'auteur des Annales de Navarre qualifie *Señora ilustre*, — était dame d'Ezpeleta vers la fin du même siècle, et, sans doute, veuve d'un seigneur de ce nom. En 1090, elle fait donation à l'abbaye de Saint-Sauveur-de-Leyre, du monastère de Huarte consacré à Saint Etienne, avec ses maisons et son cimetière, la vigne jointe au monastère, et d'autres vignes, terres et jardins; elle reconnait que son aïeule Doña Sancha avait déjà fait abandon de ces biens à la dite abbaye, avec le consentement des père et mère de Doña Toda. Elle fait aussi don des rentes des moulins du roi, situés à Huarte, et des moulins neufs situés à Ezpeleta, et cela, avec le consentement de sa fille Doña Urraca, et du mari de celle-ci, Don Ximen-Fortunez (2). L'église d'Ezpeleta était, comme celle de Huarte, sous le vocable de Saint Etienne.

La dignité de ricombre dont fut revêtu Aznar d'Ezpeleta, était personnelle: c'était, après la charge d'*Alférez Royal*, le plus haut titre auquel

(1) *Document cité dans la généalogie des maisons de Gaviria, Loyola, Estenaga, etc., et relaté par* Don Pablo La Vergne, *Chroniqueur Roi d'armes de S. M. la Reine d'Espagne, dans un certificat de noblesse, avec preuves, délivré à Madrid, le 27 mai 1840, à Don* Francisco-Xavier d'Ezpeleta et Irisarri.

(2) Moret, *Anales del reino de Navarra*, in-fol. t. II, pag. 35.

put prétendre la noblesse navarraise. Il n'y eut, dans le principe et jusqu'à la fin du xvᵉ siècle, que douze ricombres dans tout le royaume. *Le roi ne pourra* — dit le For de Navarre, — *tenir cour ni conseil sans l'assistance des ricombres........ Il ne pourra faire cu conclure ni guerre, ni paix, ni trêve avec cu contre aucun roi, aucune reine, sans l'avis des douze barons ou hommes sages........ Le jour de son couronnement, les douze barons ou ricombres feront serment sur la croix et l'évangile d'avoir soin de la personne du roi, de l'état et de la conservation des Fors.* Le pennon et la chaudière, insignes réservés aux ricombres, indiquaient qu'ils avaient le droit de lever des troupes et l'obligation de les nourrir. A la création d'un ricombre le roi lui donnait, à vie, la jouissance de quelques seigneuries avec les droits royaux. Bien que les ricombres fussent de rang égal, l'importance de leurs ricombries ne l'était pas : cela dépendait du nombre de caveries ou fiefs de chevalier que le ricombre tenait du roi. L'effectif des gens d'armes à la tête desquels chaque ricombre devait accompagner le roi à la guerre, était basé sur les revenus de son gouvernement. Les ricombres [*ricos hombres, hommes riches, puissants,*] furent aussi appelés *sabios de la tierra,* et *señores con honores del rey* (1).

Les autres maisons du pays Basque cis-pyrénéen qui, à différentes époques, ont été honorées de la ricombrie sont celles de Béarn-Behorleguy, Belsunce, Domezain, Gramont, Lacarre, Laxague, Luxe, Mauléon, Sault et Tardets.

On voit donc que, déjà au xiᵉ siècle, les seigneurs d'Ezpeleta marchaient de pair avec les plus puissants barons de la Navarre ; mais les documents conservés dans diverses archives ne permettent de les suivre d'une manière non interrompue qu'à partir du xiiᵉ siècle.

(1) Moret, *Anales del reino de Navarra,* t. iii, p. p. 72, 252, 264 et 466. — Yanguas, *Diccionario de antigüedades del reino de Navarra,* petit in-4° t. iii, pag. 271. — Belsunce, *Histoire des Basques,* in-4°, t. iii, pag. 483.

I. JEAN D'EZPELETA, Ier DU NOM, CHEVALIER, SEIGNEUR D'EZPELETA, [ *Johanne de Aspeleta,* ] et PIERRE D'EZPELETA, ÉVÊQUE DE BAYONNE, [ *Petro de Aspelata, episcopo Baïoniæ,* ] que l'on croit son oncle, souscrivirent en l'an 1170, avec les vicomtes de Tartas, de Bayonne, d'Orthe et de Baïgorry, Jean de Saint-Pée, Alphonse d'Urtubie, Chicon de Belsunce, Garcia d'Armendarits, Jean de Garro et d'autres chevaliers, à la charte des priviléges accordés à la ville de Bayonne par Richard Cœur de Lion, alors comte de Poitou, et, plus tard, duc d'Aquitaine et roi d'Angleterre (1). Jean d'Ezpeleta paraît avoir eu pour fils aîné et successeur, Alphonse dont l'article suit.

II. ALPHONSE, Ier DU NOM, SEIGNEUR D'EZPELETA, CHEVALIER, [*Don Alonso, hijo de los señores de Ezpeleta,*] vivait de 1190 à 1220. Il épousa Doña MARIA DE OZAETA, d'une noble maison de la ville de Vergara en Guipuzcoa, et en eut (2) :

> Doña MARIA D'EZPELETA femme de Don MARTIN, SEIGNEUR D'ESTENAGA, CHEVALIER; de ce mariage naquit:
>> MARTIN-MARTINEZ, SEIGNEUR D'ESTENAGA en 1264, qui épousa Doña MARIA DE LOYOLA, dame de Loyola et d'Oñaz. D'eux descendait SAINT IGNACE DE LOYOLA (3).

III. SANZ, SEIGNEUR D'EZPELETA, CHEVALIER, que l'on présume fils de Don Alphonse et de Maria de Ozaeta, épousa avant l'an 1233 une demoiselle de la maison de SAULT, fille de *Pierre-Arnault de Sault, chevalier, seigneur de Sault & de Saint-Pée en Labourd, et de Raymonde de Saint-Pée.* Par un acte passé à Bayonne, dans le jardin des chanoines, avant le chant de prime le dimanche après la Purification (6 février) 1233 (*v. st.*), Pierrre-

---

(1) Compaigne, *Chroniques de la ville & diocèse de Bayonne,* Pau, 1663, in-4°, pag. 23. — *Gallia Christiana,* t. I, pag. 1313. — Notes et pièces justificatives A.
(2) Salazar, *Historia de la casa de Lara,* in-f°, t. II, pag. 401.
(3) Ibidém.

Arnault de Sault, emprunte au chapitre 62 livres $^1/_2$ morlans et donne en gage la dîme de Saint-Pée-d'Ibarren, sous le cautionnement de Sanz d'Ezpeleta [*S. de Spelete*], son gendre (1). Le seigneur d'Ezpeleta [*Sans, seignor dEspelete*] fut présent avec Auger de Sault, Arnault, seigneur de Hirigoyen et d'autres gentilshommes labourdins, à la présentation des cautions données, en 1256, par Guilhem, seigneur d'Armendarits à l'é-vêque et au chapitre de Bayonne (2). Il est aussi nommé, avec son fils, dans une charte de l'an 1257.

IV. BERNARD-SANZ, SEIGNEUR D'EZPELETA, CHEVALIER, figure avec son père dans un acte du cartulaire de Bayonne de l'an 1257 [*En S. seignor dEspelete.* — *B. S. dEspelete fil de S. dEspelete*] (3). Bernard-Sanz laissa de sa femme dont on ignore le nom :

1° GARCIE-ARNAULT, qui suit ;

2° SANZ D'EZPELETA, qui servait avec son frère dans la guerre de la Navarrerie, en qualité de mesnadier. Les mesnadiers formaient la garde du roi et se composaient de gentilshommes *rémissionnés,* c'est-à-dire, ne payant aucun quartier, et dont les preuves de noblesse étaient, à cause de cela, recherchées très-rigoureusement ; ils tiraient leur nom [*mesnaderos*] de *mesnada,* contraction de *mesonada,* mot dérivé du latin *mansio* qui, anciennement, signifiait *pour la maison.* En effet, les mesnadiers étaient commensaux du roi et admis au milieu de sa famille. Le mesnadier devait le service au roi durant 40 jours par an, en personne avec armes et chevaux et un cavalier bien armé à ses propres dépens, pour la défense du royaume, en temps de de paix comme en temps de guerre (4). En 1276, Sanz d'Ezpeleta [*En Sanz de Ezpeleta*] donne un reçu de 20 livres tournois à messire Eustache de Beaumarchais, gouverneur de la Navarre, pour sa mesnaderie de l'année, et déclare que le sceau dont il se sert dans cette circonstance, est celui de Garcie-Arnault, son fils (5). Le

(1) Arch. des Basses-Pyrénées, *Livre d'or ou cartulaire de l'église Sainte-Marie de Bayonne,* f° 56.
(2) Ibidem, f° 39.
(3) Ibidem, f° 55.
(4) Moret, *An. de Nav.,* t. IV, pag. 253. — Oïhenart, *Not. utr. Vasconiæ,* in-4°, pag. 104 à 112.
(5) Arch. Nationales, *carton J 614,* n° 232.

nom de sa femme n'est pas connu; mais on voit qu'il fut père de :

GARCIE-ARNAULT D'EZPELETA, CHEVALIER, nommé, le plus souvent, Garcia ou Garcia-Sanchez, c'est-à-dire, Garcia fils de Sanz. Son sceau, appendu à la quittance de 1276, est triangulaire et armorié d'un *parti : au 1 trois coquilles en pal, & an 2 quatre fasces;* légende: † S' EN GARSIA DESPELETA. Ces armes étaient évidemment celles de sa mère que Garcia avait adoptées, sans doute, pour se distinguer du chef de sa famille. Le 2 juin 1289, Edouard 1, roi d'Angleterre, accorde des lettres de rémission à *Garsias Arn. de Espelete,* et lui permet *de tenir & posséder une maison forte dans la paroisse de Sare, au lieu appelé Harismendy, quoiqu'il l'ait fait construire sans l'assentiment du roi, aux charges d'être plus exaƈt par la suite, & de remettre la dite maison forte au roi lorsqu'il en sera requis* (1). En 1322 et 1323, il était mesnadier du roi et châtelain de Lerin [*Garcia Sanche de Ezpeleta*]; on le retrouve encore comme châtelain de Lerin [*Garcia Sanchez de Ezpeleta*], étant alors très-avancé en âge, dans un rôle du 1er janvier 1344 (2). On ne connaît pas sa descendance.

v. GARCIE-ARNAULT, 1er DU NOM, SEIGNEUR D'EZPELETA, CHEVALIER, avait déjà succédé à son père lorsque toute la noblesse euskarienne partit pour la Terre-Sainte, à la suite de Saint Louis et de Thibaut II, roi de Navarre, ....... *Como fueron* — dit le P. Moret, — *los señores de Agramonte con los de su vando de la parte de Vascos, y de las Montañas el señor de Luxa con los suyos..... Don Inigo Velaz de Medrano, señor de la casa de Bidaurréta y tierras de la Solana....... y cavalleros de no menor calidad con Don Juan Gonzalez de Agoncillo, alférez* (3). Au nombre des chevaliers de non moindre qualité que mentionne l'auteur des *Annales de Navarre,* il faut citer Garcie-Arnault, seigneur d'Ezpeleta, En Sanz d'Ezpeleta, son frère, Sanche-Arnault d'Armendarits, Ramon de Bardos, Bernard, seigneur de Garro, Bertrand

(1) Bibliothèque Nationale, seƈtion des manuscrits, *Fonds Moreau,* vol. 639, f⁰ 131.
(2) Bibl. Nat. Msc. *Colleƈtion Duchesne,* vol. 99, pag. 9, et vol. 107, pages 344 et suiv. — Archives de Pampelune, caisse 10, n⁰ 5.
(3) Moret, *An. de Nav.* t. III, pag. 295.

d'Uhart, les seigneurs de Belsunce, de Villanova et d'Irumberry, Auger de Mauléon, vicomte de Soule, Loup-Garcia de Sibas, Per-Yeneguez d'Andurain et les autres gentilshommes bas-navarrais, labourdins et sou-letins que l'on retrouve de 1275 à 1277, avec Bernard de Gramont, Brax-Garcia de Luxe, seigneur de Luxe, d'Ostabat et de Lantabat, Bernard et Adam de Luxe, chevaliers, au nombre des mesnadiers qui combattaient sous les ordres de messire Eustache de Beaumarchais, gouverneur de la Navarre, l'un des bourgs de Pampelune, appelé la Navarrerie, soulevé par Don Garcia Almoravit et quelques ricombres rebelles. Un auteur contemporain qui a écrit un poème très-intéressant sur cet épisode de l'histoire de Navarre, relate, avant d'aborder son sujet, le fait d'armes de Sanche le Fort et des basques à la bataille de *Navas de Tolosa*, et les prouesses du roi Thibaut et de ses chevaliers au siège de Tunis (1). Il ajoute que ces derniers s'en retournèrent en Navarre à la mort de Thibaut, qui eut lieu à Trapani, en Sicile, au mois de décembre 1270,

> *Et adonc le Navarr s'en torneron maritz;*
> *Quar lor feinnor fo mort, qu'era pros e grazitz.*
> *E vengon en Navarra; & quan foron auditz,*
> *Levet fe per la terra le plor, e'ls dols, e'ls critz....* (a)

Garcie-Arnault d'Ezpeleta consentit deux quittances de 20 livres tournois chacune, en 1275 [*Don Gassia Arnalt d'Ezpeleta*] et 1276 [*yo Garcia Arnal, seynnor de Ezpeleta*] à Eustache de Beaumarchais, gouverneur du

---

(a) *Et alors les Navarrais s'en retournèrent marris;*
  *De ce que leur seigneur qui était preux & gracieux fut mort.*
  *Et ils vinrent en Navarre; et quand ils furent ouïs,*
  *S'élevèrent par le pays les pleurs, les douleurs & les cris....*

(1) Guillaume Anelier, *La guerre de Navarre*, in-4°, édition publiée par les soins de M. Francisque Michel dans la *collection des documents inédits sur l'histoire de France*.

royaume pour son service de mesnadier (1). Il est présumé père de:

1° GARCIE-ARNAULT, qui suit;

2° et JEAN-ARNAULT D'EZPELETA, CONSEILLER D'ÉTAT ET ABBÉ DE LERIN, de 1318 à
1329. En 1320 il fut chargé d'administrer le royaume de Navarre avec Don Pedro
de Mirafuentes et Godefroy de Morentayn, chevaliers (2). Le 24 juillet 1323, le
roi de Navarre rend une sentence à Olite, en présence de Don Juan-Martinez de
Medrano, ricombre, *Don Juan-Arnalt de Ezpeleta*, abbé de Lerin, alcaldes de la
Cour, Don Guilhem-Arnalt, seigneur d'Arbide, chevalier, etc. (3). L'abbé de
Lerin assiste aussi, le 11 novembre 1326, avec Oger de Sallejuzan et Guillaume-
Arnaud, seigneur d'Arbide, chevaliers, Arnaud-Guillaume, seigneur de Gramont,
Bernard, seigneur de Laxague, Pées de Luxe, Raymond-Guillaume de Mauléon,
et plusieurs autres gentilshommes, à l'hommage que fit au roi de Navarre, Guitard
d'Albret, vicomte de Tartas, pour le château de Garris et les terres de Mixe et
d'Ostabaret (4). Dans un autre document de 1329, on le voit agir tant pour lui
que pour les autres prélats du royaume de Navarre (5).

VI. GARCIE-ARNAULT, IIᵉ DU NOM, SEIGNEUR D'EZPELETA, CHEVALIER,
guerroyait en Navarre avec Garcia d'Ezpeleta, son cousin, en 1294 (6).
Vassal et partisan du roi d'Angleterre, Garcie-Arnault II prit part à toutes
les guerres de son temps et contribua à la conquête de la Soule par l'armée anglaise. Lors de la prise du château de Mauléon, au mois de juillet
1307, Jean de Havering, sénéchal de Gascogne, y installa le seigneur
d'Ezpeleta en qualité de capitaine châtelain, gouverneur de la vicomté de
Soule; mais il n'exerça cette charge que peu de temps, Fortaner de Batz
le remplaça au mois d'octobre suivant (7). En 1308, les aquitains et les
navarrais étaient en guerre: Don Juan de Jenuilla, seigneur de Julleyo-
Castro, sénéchal de Pampelune, pour le roi de Navarre, et Gui Ferrier,

(1) Arch. Nat. *carton J614*, num. 135 et 213. — Notes et pièces justificatives B.
(2) Compaigne, *Chron. de Bayonne*, pag. 36. — Moret, *An. de Nav.*, t. III, p. 339. — N. et p. just. C.
(3) Bibl. Nat. Msc. *Collection Duchesne*, vol. 99 f° 47.
(4) Arch. de Pampelune, caisse 5, n° 96.
(5) Moret, *An. de Nav.* t. III, pag. 371.
(6) Ibidem, pag. 261.
(7) Rymer, *Fœdera* etc. etc., t. III, pag. 15.

sénéchal du duché de Guyenne, pour le roi d'Angleterre, furent chargés de traiter la paix et d'accorder la cessation des hostilités. Le seigneur En Garcia-Martinez de Olloquy, chevalier, et Jean de Isar, sergent d'armes, députés par le roi de Navarre, et *lo seinhor En Gassernaut dEspelette, caver,* (a) et N'Aremon-Durant de Viéle, citoyen de Bayonne, pour le duché de Guyenne, arrêtèrent et réglèrent les satisfactions et dommages à accorder aux parties (1). Au mois de juillet 1315, le seigneur d'Ezpeleta [*Domino Garciæ Arnaldi de Splette*] fut convoqué par lettres du roi d'Angleterre, avec Fortaner de Batz, Hélie, sire de Caupenne, l'évêque de Bayonne, Arnaud-Guillaume de Sault et plusieurs autres barons de l'Aquitaine (2). On voit par les *Rôles Gascons* conservés à la Tour de Londres, que Garcie-Arnault d'Ezpeleta [*Domino d'Espelete*] était créancier du roi d'Angleterre, en 1319, de certaines sommes pour son service dans la guerre de Gascogne (3). Il avait épousé par contrat passé à Bayonne, le 3 septembre 1302, FLORS DE GUICHE, sœur de *En Guillaume-Arnault, seigneur de Guiche, damoiseau.* Le seigneur d'Ezpeleta est qualifié *Mosseinhor En Gassarnaut, caver, seinhor d'Espelete.* Le seigneur de Guiche donne à sa sœur une dot de 80 livres morlans (b); il est stipulé que, dans le cas où la postérité de Flors de Guiche viendrait à faillir, cette somme ferait retour soit à celle-ci, soit à son héritier. Garcie-Arnault déclare que, dans ce cas, la somme serait à prendre *sober tote lo soe mason, loc e affar aperat d'Espelete e suber totes sas autes causes mobles e no mobles* qu'il a et aura, et il donne pour cautions, *segont lo for e le*

(a) *Caver :* chevalier. — La particule honorifique *En, N'* devant une voyelle, et *Na* pour les femmes, indiquait la noblesse, à cette époque, tant dans la Navarre que dans la Gascogne et le Béarn. Marca, *Histoire de Béarn,* in-fo.

(b) D'après Yanguas la livre de Morlàas valait 36 francs, et M. Leber a établi qu'au moyen-âge, notamment à la fin du XIIIe siècle, l'argent avait six fois plus de pouvoir qu'aujourd'hui; 80 livres morlans représentaient donc une quantité d'argent fin valant actuellement 17,280 fr. — Balasque, *Etudes historiques sur la ville de Bayonne,* in-8o, t. III, pag. 30.

(1) Archives de Pampelune, caisse 5, no 39.

(2) Rymer, *Fœdera* etc., tome III, pag. 531.

(3) Bibl. Nat, Msc. *Fonds Moreau,* vol. 641, fo 45.

*costume de Labort, si medichs e En Sans Arnaut, seinhor de le mason d'Urtuburu, parropiant de Sent Johan de Lus, e Johan, seinhor de le mason de Le Lane, d'Ustaritz, e N. Arnaut Gassie, seinhor de le mason de l'Abadie, parropiant d'Espelete.* L'acte est fait, *regnant Euddard, rey d'Angleterre, seinhor e duc de Guiaine, En D. de Manx, abesque, N. Arremon Bertran de Biele, maire,* en présence de En Pascoau de Pouillon, En Domenjon d'Osserain et En Per-Sanz de Jaxu, par Adamar de Castet, notaire de Bayonne (1).

VII. PIERRE-ARNAULT, SEIGNEUR D'EZPELETA, CHEVALIER, que l'on croit fils de Garcie-Arnault II et de Flors de Guiche, est mentionné dans les *Rôles Gascons* de la Tour de Londres, [*Arnaldo dEspeleta, domicello*] en l'année 1332 (2). On voit que Pierre-Arnault n'était encore que damoiseau, à cette date; la guerre qui survint en 1335, entre la Navarre et la Castille, lui donna l'occasion de gagner les éperons de chevalier. — Philippe, roi de Navarre, occupé avec sa noblesse du comté d'Evreux, à combattre les Anglais sous la bannière du roi de France, avait confié le gouvernement de son royaume à Henry IV, sire de Sully, bouteiller de France, lorsque les Castillans commencèrent les hostilités. Le gouverneur conclut aussitôt un traité d'alliance avec le roi d'Aragon qui lui envoya un corps de 1500 cavaliers d'élite sous la conduite de Don Miguel-Perez de Zapata, chevalier renommé pour son adresse et sa bravoure, et aussi pour son talent comme général de cavalerie. Le seigneur d'Ezpeleta vint à la tête d'une compagnie de gens d'armes, offrir le secours de son épée au sire de Sully qui, en le nommant châtelain de Sangüesa, lui confia un des postes les plus importants de la Navarre (3). Déjà les Castillans avaient été chassés de Fitero et du fort de Tudejen, quand Don Martin-Fernandez de Por-

(1) Arch. des Basses-Pyrénées, *E 170.*
(2) Mayerne-Turquet, *Hist. générale d'Espagne,* in-fº, t. I, pag. 607. — Not. et pièc. justific. D.
(3) Bibl. Nat., Msc., *Fonds Moreau,* vol. 664, pag. 126.

tocarrero, chef de l'armée castillanne, accourut à marches forcées jusqu'à Alfaro, à 4 lieues de Tudela. Craignant une entreprise sur Fitero, Sully résolut d'y envoyer toute la cavalerie sous les ordres de Zapata, avec le train nécessaire pour ajouter à la défense de la place; Pierre-Arnault d'Ezpeleta accompagna Don Miguel qui devait, dès le lendemain, revenir sur Tudela. — Informé du mouvement de Zapata, le général castillan vint, à la pointe du jour, asseoir son camp en vue de Tudela et offrir le combat à Henry de Sully qui commit l'imprudence de faire engager son infanterie sans attendre le retour de Zapata. Le combat se prolongea, mais les Navarrais, enfoncés par les charges réitérées de la cavalerie castillanne, furent obligés de se replier sur Tudela. Portocarrero, maître du champ de bataille, s'empara d'un tertre qui commandait tous les environs. De là, on découvrait au loin la route de Fitero où apparut bientôt la cavalerie de Don Miguel de Zapata: elle arrivait en hâte, attirée par les clameurs du combat. Le brave Zapata apprit la défaite des Navarrais par les cadavres qui jonchaient le champ de bataille. Fort de son énergie et sans compter ses ennemis, il prit une position avantageuse et attendit le choc de l'armée castillanne. La lutte fut longue et acharnée. Enfin, le nombre l'emporta; mais la défense désespérée des cavaliers de Don Miguel, fit payer cher la victoire aux Castillans. Le cheval de Zapata tomba mort, et le valeureux chevalier resta aux mains de l'ennemi, avec plusieurs de ses parents. La nuit sauva du massacre une partie des cavaliers qui, en fuyant épars, eurent la présence d'esprit de crier *Castille! Castille!* et furent regardés, à la faveur de l'obscurité, comme des amis. Le seigneur d'Ezpeleta eut aussi un cheval tué sous lui; cependant, il parvint à échapper aux Castillans. Une charte du 12 décembre 1338, conservée aux archives de Pampelune (1), dit que *Don Pere Arnald de Espeleta eut un cheval tué en la guerre de Fitero, en*

(1) Caisse 7, n° 116.

*la compagnie de Don Miguel Zapata, en 1336, & qu'il reçut une certaine somme d'argent pour cette perte.* — Henry de Sully reforma son armée et, avec le secours de Gaston, comte de Foix, parent du roi de Navarre, il reconquit les places occupées par les Castillans, aussi facilement qu'elles avaient été perdues. La paix ne tarda pas à se conclure, et les prisonniers recouvrèrent leur liberté moyennant une rançon fixée à 85,000 maravédis pour Miguel de Zapata; pour son écuyer, pour Don Juan de Zapata, son frère, Geralt et Ruiz Abarca, frères, 15,000 maravédis chacun; 30,000 pour Sancho-Sanchez de Medrano, 20,000 pour Miguel d'Urroz, et 1,000 pour chacun des autres, tant Aragonnais que Navarrais (1). — Au mois de juin 1337, le roi d'Angleterre manda au seigneur d'Ezpeleta [*Arnaldo de Expeleta*], au sire de Caupenne, et aux autres barons et chevaliers vassaux du duché de Guyenne, de rejoindre l'armée qui devait commencer, dans cette contrée, la guerre contre la France (2). Pierre-Arnault fut père de:

VIII. GARCIE-ARNAULT, IIIᵉ DU NOM, SEIGNEUR D'EZPELETA, CHEVALIER, qui servait en Navarre, comme mesnadier, de 1340 à 1343, et à cette dernière date, en qualité de châtelain de Sangüesa (3). Le 30 juin 1363, au palais de l'archévêché de Bordeaux, il prêta serment de fidélité à Edouard III, roi d'Angleterre, et à son fils, le prince de Galles et d'Aquitaine, avec Garcie-Arnault, seigneur de Garro, Sanz, seigneur de Saint-Pée, Auger, seigneur d'Urtubie, etc. (4), et suivit le Prince Noir dans toutes ses campagnes contre la France. — Une inimitié déclarée séparait depuis longtemps les nobles lignages d'Ezpeleta et de Saint-Pée: à la suite de quelques démêlés, la guerre éclata entre les deux chevaliers labourdins que nous venons de voir réunis à la cour du prince de Galles. Le chroniqueur

---

(1) Moret, *An. de Nav.*, t. III, pag. 619. — Belsunce, *Histoire des Basques*, t. III, pag. 219.
(2) Rymer, *Fœdera* etc., t. IV, pag. 766.
(3) Arch. de Pampelune, *Catalogue de Liciniano, années 1340 à 1360*.
(4) Bibl. Nat. Msc. *Collection Duchesne*, vol. 106, fº 313, et vol. 107, fº 280.

qui a transmis les détails de cet épisode, rapporte que Sanz de Saint-Pée fut tué dans un combat qu'il livra au lignage d'Ezpeleta, et que les gens de Saint-Pée se mirent en quête, pour Jeanne, sa fille et héritière, d'un mari capable de venger la mort de leur seigneur. Un chevalier renommé de Guipuzcoa, Pero-Lopez, seigneur d'Amezqueta, fixa leur choix. Le mariage venait de se conclure et le château de Saint-Pée était encore en fête, lorsque *Velche de Ezpeleta (a)*, neveu de Garcie-Arnault III, alla trouver le nouveau châtelain et le défia dans ces termes : *Comme vous ne pouvez le nier, je suis compté pour le plus courageux homme qui se soit distingué dans les faits d'armes de toute cette contrée ; il paraît que les gens de Saint-Pée vous ont pris pour la meilleure lance de Guipuzcoa, et vous ont donné la mission de venger la mort de votre beau-père qui succomba alors qu'il croyait me tuer. Vous plaît-il que nous remettions le sort de la querelle à la fortune de nos lances ? A moi, cela me ferait grand plaisir.* Amezqueta répondit aussitôt : *Cela me plaît.* Et d'un commun accord, les deux chevaliers entrent en plaine, prennent du champ et fondent l'un sur l'autre, visière baissée et lance au poing. Le sort du combat fut fatal à Velche : Pero-Lopez d'Amezqueta le désarçonna *et le tua*, – dit le chroniqueur, – *en vengeance de la mort de son beau-père et d'autres meurtres commis par le lignage d'Ezpeleta sur ceux de Saint-Pée* (1). — En 1376, Garcie-Arnault III, seigneur d'Ezpeleta, servait au titre étranger, dans l'armée du comte de Foix, avec le châtelain de Mauléon, les seigneurs de Gramont, de Luxe, de Haïtze, de Gestas, de Garro, d'Osserain, de Ruthye, d'Olhaïby, de Came, d'Espès, etc., ainsi que le prouve le rôle d'une revue passée par Arnaud-Guillaume de Béarn, dans l'église des Frères-Mineurs de Morlaàs,

(a) *Velche* était, sans doute, un sobriquet ; en Basque, *Velcha* ou *Belcha* veut dire *le noir.*

(1) Bibl. Nat., Msc., *Collection Duchesne*, vol. 113 : *Fragmento de la historia que escrivio Lope Garcia de Salazar, de los liñages de España*, fº 46, art. SANT PER, et fº 102, art. AMEZQUETA. L'auteur n'indique pas la date de ce duel qui eut lieu vers 1370. Plusieurs chartes des archives de Pampelune, prouvent que *Don Pero Lopez de Amezqueta* était seigneur de Saint-Pée en 1372. Jeanne de Saint-Pée, sa veuve, figure dans un acte du 7 septembre 1393, comme tutrice de Jean, seigneur d'Amezqueta et de Saint-Pée, son fils aîné. (Archives de la maison de CAUPENNE D'AMOU, titres de SAINT-PÉE.)

le 2 août 1376 [*Las gents d'armes eftrangés.... Vafcos & Navarra*] (1). Dans
une autre revue de troupes passée à Olite, par Charles le Mauvais, roi de
Navarre, le 1er juin 1378, on remarque parmi les principaux capitaines:
Martin d'Aybar avec 60 fantassins et 12 cavaliers, Garcie-Arnault d'Ezpeleta à la tête de 40 fantassins et 2 cavaliers, Loup de Saint-Julien, seigneur
de Sault et de Saint-Julien d'Ahaxe, bailli de Labourd, suivi de 140 fantassins et 10 cavaliers, Remiro-Sanchez, seigneur d'Asiayn, accompagné
de 21 cavaliers, etc. (2). En la même année, le roi mande à son trésorier,
de payer à Petruxea d'Ezpeleta, capitaine de La Guardia, ses gages et ceux
du seigneur d'Ezpeleta avec 40 hommes (3). — Vers cette époque, les
dissensions des lignages de Luxe et de Gramont ensanglantaient la Basse-
Navarre, et les lieutenants du roi se trouvant impuissants à réprimer les
désordres que suscitaient les deux factions rivales, Charles le Mauvais
passa lui-même les monts, et se rendit à Saint-Jean-Pied-de-Port où il
avait convoqué les principaux chefs Agramontais et Luxetins. Il était accompagné de Sancho-Lopez d'Uriz, son conseiller, Jean de Béarn, capitaine de Lourdes, Miguel-Sanchez d'Ursua, Garcie-Arnault, seigneur
d'Ezpeleta, Semen-Garcia d'Echaux, vicomte de Baïgorry, Sancho-Periz
de Peralta, etc. Un traité de paix fut conclu, par la médiation du roi, entre
Arnaud-Raymond 1, seigneur de Gramont, faisant pour lui et ceux de son
lignage, d'une part, Arnaud-Sanz de Tardets, seigneur de Luxe, Ahaxe,
Tardets, etc., – pour lui, ses successeurs et ceux de son lignage, et pour
Doña Saura, dame de Luxe, sa femme, – Martin, seigneur de Domezain,
Bertrand, seigneur d'Uhart, Garcie-Arnault, seigneur de Belsunce, Pierre-
Arnault, seigneur de Salha, *et tous ceux du lignage de Luxe*, le 2 avril 1384,
dans l'église de Sainte-Marie *du bout du pont* de Saint-Jean-Pied-de-Port.

(1) *Archives hiftoriqnes de la Gironde*, in-4º, t. XII, pag. 133.
(2) Arch. de Pampelune, caisse 38, nº 1.
(3) Ibidem, *catal. Licin.*, *année 1378*.

Le seigneur de Gramont mourut peu de temps après, et Arnaud-Raymond II, son fils et héritier, ratifia ce traité avec Pées, seigneur de Laxague, chevalier du parti et lignage de Luxe, au palais royal de Pampelune, le 23 février 1385, en présence du roi, du seigneur d'Ezpeleta, et des autres gentilshommes nommés dans l'acte de 1384 (1). — La grande réputation de bravoure que Garcie-Arnault d'Ezpeleta s'était faite dans les guerres de cette époque, son âge et son expérience, décidèrent le roi de Navarre à lui confier le commandement des troupes qu'il envoya combattre en Portugal, en 1385; l'auteur des Annales de Navarre cite, parmi les capitaines qui servaient sous les ordres du seigneur d'Ezpeleta, Gonzalo - Ramirez de Baquedano, Martin - Henriquez de Lacarre, le seigneur de Luxe *avec nombre de nobles gens de Vascos,* le seigneur de Meharin, le vicomte de Baïgorry, Bertrand d'Armendarits, Charles d'Aguerre, Jean de Hosta, Jean-Contensin d'Ansa, *capitaines,* Diego de Saraza, *colonel, y otros muchos señores de Vascos y Ultrapuertos* (2). On croit que Garcie-Arnault III fut tué dans cette campagne, avec Alphonse d'Ezpeleta, son fils, qui combattait à son côté à la bataille d'Albujarrota (3), en la même année 1385. — Il avait épousé Doña JUANA - MIGUEL D'ECHAUX, fille de *Don Miguel d'Echaux, chevalier, seigneur de Valderro, cadet de la maison vicomtale de Baïgorry.* De ce mariage naquirent :

1º ALPHONSE D'EZPELETA, IIe DU NOM, mort sans laisser de postérité;

2º et JEANNE, qui suit;

IX. JEANNE D'EZPELETA, DAME D'EZPELETA ET DE VALDERRO, succéda à tous les biens de sa maison vers l'an 1385. Elle avait été mariée avant

(1) Bibl. Nat., Mss., *Collection Duchesne,* vol. 110, pag. 86.

(2) Moret, *An. de Nav.,* t. III, pag. 223.

(3) Pablo La Vergne, *déjà cité à la page 5, note 1.* — Il n'est plus fait mention de Garie - Arnault ni d'Alphonse d'Ezpeleta depuis cette guerre de Portugal. — On voit Garcie-Arnault III figurer comme châtelain de Sanguesa, en 1343 et dans un rôle du 1er janvier 1344 (*Arch. de Pampelune, caisse 10, num. 5*); il ne paraît pas avoir servi le roi d'Angleterre, son souverain, qui ordonne au sénéchal de Gascogne, le 22 avril 1341, *de faire démolir les forteresses, maisons fortes & moulins construits, sans sa permission, par les seigneurs de Garro, de Phagandure & d'Espelete, & de les punir des violences qu'ils ont exercées* (Moreau, vol. 652, fº 15).

1382, à Oger de Garro, écuyer du roi Navarre. Leurs enfants ont relevé le nom et les armes d'Ezpeleta, et fondé les diverses branches de la seconde maison de ce nom.

✤ ✤
✤

IV

On trouve encore, pour la période que nous venons de parcourir, plusieurs autres membres de la maison d'Ezpeleta qu'on ne peut rattacher d'une manière certaine à la branche principale.

Au moment de partir pour l'armée de *Berduño & de Mallen, Don Pedro de Ezpeleta* confesse avoir reçu du receveur des rentes de Navarre, 34 livres tournois pour ses gages et ceux de ses compagnons. N'ayant pas de sceau, il prie *Don Martin de Ezpeleta, son parent,* d'apposer le sien sur le reçu, daté de Pampelune, *dia sueves despues la fiesta de San Lucas Evangelista del año 1288.* Sceau triangulaire armorié d'un lion (1). En 1294, Don Pedro d'Ezpeleta était chevalier et alcaïde du château d'Ororiz (2).

Martin d'Ezpeleta qui scella le reçu de Don Pedro, était *arbalétier du roi,* lorsqu'il assista, le 30 juin 1294, à l'hommage des terres de Mixe et d'Ostabaret, fait par Arnaud-Raymond, vicomte de Tartas, au roi de Navarre (3). — Au mois d'avril 1317, Philippe le Long, roi de France et de Navarre, *considérant la fidélité de Martin d'Ezpeleta, et les services qu'il a rendus depuis longtemps en Navarre et qu'il ne cesse de rendre, lui fait rémission des 9 sols & 8 deniers qu'il doit payer, chaque année, pour une maison située à Echalar* (4).

(1) Arch. de Pampelune, caisse 4, n° 63.
(2) Moret, *An. de Nav.* t. III, pag. 263.
(3) Arch. de Pampelune, caisse 4, n° 99.
(4) Ibidem, caisse 5, n° 80.

En 1334, Juan-Arnault d'Ezpeleta jouissait de la maison du roi et de ses dépendances, en vertu de la donation que Philippe d'Evreux lui en avait faite (1).

En 1358, Juan-Periz d'Ezpeleta possédait, par donation royale, certains droits dans les villes de Vera et Lesaca (2). — Le 3 juillet 1365, le roi de Navarre ordonne de remettre dix mesures de blé à *Juan-Periz d'Ezpeleta, écuyer, demeurant à Lesaca* (3).

Pierre-Sanz d'Ezpeleta, chevalier, nommé aussi *Petruxa* et *Petrigay*, était déjà sergent d'armes du roi de Navarre le 1er février 1366 (4). Le 8 février 1379, il donne quittance au receveur royal de la Mérindé d'Estella, [... *yo Pet'xa. dEzpelleta huxier darmas del feynor Rey de Navarra* ...] de 150 livres carlines que le roi lui alloue en aide de son mariage. Le sceau apposé au bas de cet acte, porte un écu penché *armorié d'un lion rampant, et d'une bordure componée, comme brisure; heaume timbré d'une tête de chien braque pour cimier, avec la légende:* SCEL PIERRE DESPELLETE (5). Il était capitaine du château de La Guardia, en 1380, et maître d'hôtel de l'infante, fille aînée du roi, en 1411 (6). En 1406, il vivait à Puente-la-Reina, avec Doña SANCHA PERIZ, sa femme; mais il suivit la princesse Isabelle mariée à Jean, comte d'Armagnac, et s'installa dans ce pays. — Le 31 décembre 1424, à l'Isle-Jourdain, *Petrigay d'Espelette* fit hommage au comte Jean, pour la terre et seigneurie de Tarreux (7).

Par un acte du 14 juillet 1427, Esteven d'Ezpeleta, damoiseau,

(1) Arch. de Pampelune, caisse 7, num. 49: *Rôle des biens du Roi.*
(2) Ibidem, *catal. Licin.*
(3) Ibidem, caisse 20, num. 54.
(4) Ibidem, caisse 21, num. 4.
(5) Cette pièce est, en original, dans les archives de M. le baron d'Ezpeleta, et le sceau de *Petruxa* s'y voit encore intact.
(6) Archives de Pampelune, *catalogue de Liciniano, années 1366 à 1411*. On y trouve un grand nombre de documents relatifs à ce personnage. — En 1382, il paraît avec Doña Sancha Periz, sa femme. En 1387, le roi de Navarre lui fait don de certaines sommes sur les *pechas* de Cirauqui. On le retrouve encore sergent d'armes du roi, en 1405.
(7) Archives des Basses-Pyrénées, *série E.*

présumé fils de Pierre-Sanz et de Doña Sancha Periz, [ *Steven Despelete,
damoiseau,* ] acquit de noble et puissant seigneur Jean de Gramont, seigneur de Gramont et de Mussidan, le fief de Bernones, situé dans la
paroisse de Listrac en Médoc (1).

Avant de décrire la généalogie des différents rameaux de la seconde maison d'Ezpeleta, nous allons esquisser rapidement l'histoire
des seigneurs de Garro dont cette famille descend en ligne directe.

(1) Beaurein, *Variétés Bordeloises,* etc., nouvelle édition, Bordeaux 1876, in-8º, tome II, page 51.

# CHAPITRE II

## SEIGNEURS ET BARONS

# DE GARRO.

*COMTES DE XAVIER, VICOMTES DE ZOLINA.*

I

Rivale de la maison d'Ezpeleta pour sa puissance, l'antiquité et la noblesse de son extraction, la famille de Garro est également originaire de la vicomté de Labourd où l'on voit encore le château dont elle a pris le nom. Reconstruit déjà comme forteresse en 1305, avec l'autorisation du roi d'Angleterre, le château de Garro fut entièrement réédifié en 1700, par André d'Urtubie, qui avait hérité de la baronnie du chef de Marie de Garro, sa mère; il appartient aujourd'hui à M. Armand d'Urtubie, baron de Garro.

Le village de Garro — *en Basque Guerecieta* — avait le titre de paroisse longtemps avant 1518, date à laquelle il en est fait mention sous le nom de *San Martin de Garro*. Le curé de *Garro* assista au synode tenu à Bayonne en 1577. En 1755, cette paroisse est nommée *Guereciette*.

Actuellement, Garro fait partie de la commune de Mendionde.

Louis XIV, voulant récompenser les services de Salvat de Gamboa d'Alzatte, dit d'Urtubie, chevalier, seigneur d'Urtubie, de Garro, d'Alzatte et de Fagosse, gentilhomme ordinaire de sa chambre, bailli d'épée et colonel des milices du pays de Labourd, érigea la seigneurie de Garro en baronnie, – en même temps que celle d'Urtubie en vicomté, – par lettres patentes du mois de mai 1654 (1). On remarque, pourtant, que Aner de Garro est qualifié *baron* dans une charte de 1149, et que les historiens navarrais donnent ce titre à Miguel de Garro qui vivait en 1357.

⚜ ⚜
⚜

II

Les armoiries de la maison de Garro sont : *d'argent à la croix de gueules cantonnée de qnatre loups de sable, passants et affrontés ;* et c'est ainsi que les représente un sceau rond de 1379, écu timbré d'un heaume *cimé d'une tête de loup, la gueule béante et la langue pendante ;* — on lit en légende : s' AMIGOT DE GARRO (2).

On trouve encore la description suivante dans un vieil armorial manuscrit : *Le Sire de Garro porte d'argent à la croix de gueules & 4 loups de fable contrepaffants* (3).

Martin de Vizcay blasonne les armes de Garro : *de plata con cruz colorada llana entre qnatro lobos negros.... Los lobos* — ajoute-t-il — *significan valentias y vencimientos con presa y despojo.... Traenlos en sus escudos las casas de*

(1) Archives du château de Garro, *B. 22*.
(2) Arch. de M. le baron d'Ezpeleta.
(3) *Collection Duchefne*, t. 106, f° 272 ;

*los Aguerre en Cissa, en Iholdy y Heleta, la de Garro, etc.* (1).

Le plus ancien armorial de Navarre existant aux archives de Pam-pelune, qui est de 1510 ou environ, donne les armes du seigneur de Garro et du vicomte de Zolina *avec les loups passants, armés & lampassés de gueules* (2). Mais les sceaux de divers membres de cette famille, que l'on trouve aux mêmes archives, blasonnent les animaux *affrontés*, comme les représente aussi le magnifique tombeau d'un seigneur de Garro, dans le cloître de la cathédrale de Pampelune.

✢ ✢
✢

### III

Les premiers documents historiques sur le Labourd, depuis l'adoption des surnoms de fiefs par la noblesse, nous montrent les seigneurs de Garro au nombre des barons et chevaliers de cette vicomté.

1. ANER, SEIGNEUR DE GARRO, CHEVALIER, faisait partie de la cour de Bertrand, vicomte de Bayonne et de Labourd, avec Aner de Sault, Loup-Aner d'Ascain, Guillaume-Bernard d'Urruzaga, Bonion d'Urtubie, etc. *A. de Garro*, S. de Bonion, Brasc-Garcia d'Urruzaga, A. de Sault, W.-Bernard d'Urruzaga et S.-Messeriat de Naubeis sont nommés comme fidéjusseurs dans une charte octtroyée par Arnaud, évêque de Bayonne, aux tenanciers de Saint-Léon, le jour de la Nativité de la Sainte Vierge, l'an de l'Incarnation du Seigneur 1149, régnant Louis, roi des Français, en guerre au-delà des mers avec les payens; les témoins sont Bertrand, vicomte, *et les sus-nommés barons, avec plusieurs autres* (2). — On croit que

(1) *Drecho de naturaleza, etc.*, pages 100 et 110.
(2) *Livre d'or de Bayonne*, fº 9.

Aner fut père de :

II. JEAN, I<sup>er</sup> DU NOM, SEIGNEUR DE GARRO, CHEVALIER, qui souscrivit à la charte des privilèges que Richard Cœur de Lion accorda à la ville de Bayonne, en 1170 (1).

III. ANER-ARNAULD DE GARRO, CHEVALIER, SEIGNEUR DU DIT LIEU, présumé fils de Jean, fut caution [*Aneir-A. de Garro*] dans une transaction passée, en l'an 1186, entre le chapitre de Bayonne et Guilhem-Arnauld d'Urcuit, sur la propriété d'un vallon (2). Il paraît avoir eu deux fils ;

1º FORT-ANER. qui suit ;

2º et GARCIA-BERNARD DE GARRO, CHEVALIER, qui figure comme gentilhomme de la cour vicomtale de Labourd, dans deux chartes de 1186 et 1194 (3).

IV. FORT-ANER, SEIGNEUR DE GARRO, Arbela d'Irube, et P. de Ussi, chevaliers, B. de Ladus, archidiacre de Bayonne, W.-A. de Luy, W.-A. d'Urcuit, chanoines, furent choisis, vers l'an 1193, (*charte sans date,*) comme arbitres d'un différend entre B., seigneur de Bardos, et la cathédrale de Bayonne. Bonnet de Haïtze, seigneur de Guiche, leur fut adjoint en qualité de justicier, c'est-à-dire, magistrat chargé de présider la cour de justice et de faire exécuter la sentence (4). Fort-Aner de Garro est présumé père de :

1º GARCIE-ARNAULT, qui suit ;

2º et GUILLAUME-ARNAULD DE GARRO, CHEVALIER, qui épousa RAYMONDE, DAME DE SAINT-MARTIN, dans la paroisse de Larressore, (*anciennement Saint-Martin de Ribeyrelongue* alias *Ripalongue*). Son frère et lui [*G. et W. de Garro, milites & fratres*] sont témoins dans une charte de l'an 1235, avec A. d'Urtubie et d'autres gentilshommes labourdins (5). — Vers l'an 1255 (*charte sans date*) Guillaume-Arnauld de

(1) Compaigne, *Chronique de Bayonne*, page 23.

(2) *Livre d'or, de Bayonne*, fº 16.

(3) Ibidem, fº 35.

(4) Ibidem, fº 25.

(5) Ibidem, fº 12.

Garro [*W. A. de Garro, miles*] emprunte du consentement de Raymonde, sa femme, 20 livres morlans au chapitre de Bayonne, et donne en engagement la 1/2 de la
dîme de *Saint-Martin-de-Ribeyrelongue,* les maisons de Halsou exceptées. Le pru-
dent chevalier stipule, pour le cas où il n'osera pas ou ne pourra pas entrer dans la
ville, qu'il lui sera loisible d'effectuer le remboursement par un mandataire avec
lequel tous les actes de libération seront valablement passés; singulière clause
prouvant, tout au moins, — remarque M. Balasque, — que ce gentilhomme ne
vivait guère en bonne intelligence avec les bourgeois de Bayonne (1). — On croit
que Guillaume-Arnauld de Garro a été la tige de la maison de Saint-Martin
éteinte, par une héritière, dans celle de Lacarre, au xviiie siècle.

V. GARCIA-ARNAULD, Ier DU NOM, SEIGNEUR DE GARRO, CHEVALIER, que
nous avons vu figurer avec son frère dans l'acte de 1235, est aussi nommé dans une autre charte du Livre d'or de Bayonne. Quelques jours après
l'octave de la Purification 1233/34, A.-B. de Juncars d'Ustaritz et Marie,
sa femme, avec le consentement de Condesse, Martin et G.-A., leurs
enfants, donnent au chapitre de Bayonne la 4e portion des 3/4 de la dîme
d'Ustaritz, Harauriz et Arands, sous la fiducie du chevalier G.-A. de Garro
et d'Aner de Lahet, en présence de P.-A. et W.-A. d'Urcuit, frères, A.
d'Urtubie et A. de Jaldai, gentilshommes labourdins (2). Garcia-Arnauld
eut pour successeur, son fils aîné qui suit;

VI. AMIGOT, SEIGNEUR DE GARRO, CHEVALIER, entra dans la ligue for-
mée contre la domination anglaise, par les vicomtes de Béarn et de Soule,
le seigneur de Gramont et plusieurs autres grands vassaux aquitains. En
1249, quelques seigneurs labourdins, ceux de Sault et de Garro entr'autres,
— *par qui grans maus estoient sovent venu en la terre,* — couraient à la tête de
compagnies de routiers et désolaient le pays par leurs sanglantes querelles.
Le comte de Leicester, gouverneur de la Guyenne pour le roi d'Angleterre, dépêcha le sire Guillaume Pigorel, son lieutenant, qui parcourut

(1) *Livre d'or,* fo 49. — Balasque, *Etudes historiques sur la ville de Bayonne,* t. II, pag. 43.
(2) *Livre d'or,* fo 28.

militairement le Labourd et força les seigneurs à accepter des trêves et à donner des gages. Sur l'ordre de Leicester, ces derniers licencièrent leurs compagnies ; pourtant une maison forte, devant laquelle Pigorel dut mettre le siège, opposa la plus vive résistance, et Pierre-Bernard de La Lane, gentilhomme du roi et cousin de Guillaume d'Armendarits, fut tué à côté du lieutenant de Leicester. Pigorel mit le feu à la maison, et la garnison entière périt dans les flammes. En 1251, Simon de Montfort, comte de Leicester, vint à Ustaritz, chef-lieu du bailliage de Labourd, et y procéda à de nombreuses arrestations ; mais *por ce que Amigot de Garro prefantoit torfjors efter a droit vers totes gans il li dona congé de demorer u pais a la volanté le conte, et ce fift il par grant feurté quil en avoit et par le confentement de fes enemis et par le conseil des prodes homes a qui il fembloit que la terre demorroit en meluir eftamant* (1). La guerre ne tarda pas à se rallumer entre les seigneurs de Sault et de Garro : par lettres du 25 mai 1254, Henry III, roi d'Angleterre, donna mission à Guillaume-Arnauld de Tardets, chevalier souletin, *de conclure quelque trêve entre les gens de Sault et les gens de Garro* (2). — Amigot fut père de :

VII. BERNARD DE GARRO, Ier DU NOM, CHEVALIER, SEIGNEUR DE GARRO, qui servait dans la guerre de la Navarrerie, sous les ordres de messire Eustache de Beaumarchais, gouverneur de la Navarre. En 1275 et 1276, il fit à ce seigneur deux quittances de 20 livres tournois chacune, pour son service de mesnadier [*Bernat, seynnor de Garro*] (3). On ignore le nom de sa femme, mais on sait que ses enfants furent :

1° BERNARD, qui suit ;

2° et GUILLAUME DE GARRO qui figure, pour un legs de 200 sols, dans le testament

(1) Bibl. Nat., Msc., *Fonds latin,* n° 9016, f° 75/5. — Balasque, *Et. hist.,* t. II, pag. 103, 115 et 583.
(2) *Fonds Moreau,* vol. 635, f° 87.
(3) Archives Nationales, *carton J 614,* 1275 - 101 et 1276 - 213. — Notes et pièces justificatives B et C.

de Dominique de Manx, évêque de Bayonne, du 3 avril 1304 (1).

VIII. BERNARD, II<sup>e</sup> DU NOM, SEIGNEUR DE GARRO, CHEVALIER, était âgé de 15 ou 16 ans lorsqu'il fit ses premières armes comme arbalétrier de la compagnie du seigneur d'Argava, dans la guerre de la Navarrerie. En 1275 il donne un reçu de XXI livres tournois, *pour la guerre qu'il a faite au service de Madame Jeanne, Reine de Navarre* [*Bernardus de Guarro, arcbales- tarius*]. Il scella cette quittance du sceau de *Arnalt Bernat d'Argava*, maître des arbalétriers (2). Par lettres du 25 avril 1289, Edouard I<sup>er</sup>, roi d'An- gleterre, ordonna au bailli de Labourd de laisser *Bern. de Garro, armige- rum*, tranquille possesseur de la maison et de la terre de *Serburna*, tant qu'il acquitterait sa redevance (3) ; par d'autres lettres du I<sup>er</sup> avril 1305, le même roi manda au sénéchal de Gascogne de permettre à Bernard II [*Bernardus dominus de Garo*] de rebâtir sa maison forte de Garro, en récom- pense de ses bons et loyaux services, à charge de la remettre aux mains du sénéchal à toutes réquisitions (4). — Le 27 avril 1330, Edouard III, roi d'Angleterre, écrivit à Bernard de Garro [*Domino de Garro*], Guillaume- Arnauld, seigneur de Sault, Pierre-Arnault de Tartas, seigneur d'Urtubie, Sanche, seigneur de Lahet, etc., pour leur recommander de faire bon ac- cueil à Johan d'Eltham, comte de Cornouailles, son frère, à Johan Darcy le Cosyn et au seigneur de Pommiers qui se rendaient en Guyenne (5). On retrouve Bernard de Garro qualifié chevalier et mesnadier du roi de Navarre dans des actes de 1338 et 1340, étant, à cette dernière date, âgé d'environ 80 ans (6). Il laissa de sa femme dont le nom n'est pas connu :

1° MIGUEL, qui suit ;

(1) Arch. des Basses-Pyrénées, 5 G II.
(2) Arch. Nat., J 614-32.
(3) Bibl. Nat., Msc., *Fonds Moreau*, vol. 638, f° 391.
(4) Ibidem, vol. 641, f° 178.
(5) Rymer, *Fœdera* etc., t. IV, pag. 433.
(6) Arch. de Pampelune, *catalogue de Liciniano*.

2º Arnauld, dont l'article viendra après celui de son frère aîné;

3º et Jean de Garro, mesnadier du roi de Navarre de 1340 à 1356;

IX. Miguel, seigneur de Garro, chevalier, figure comme mesnadier du roi de Navarre dans deux rôles des années 1340 et 1346, avec Garcie-Arnauld, seigneur d'Ezpeleta et Guillaume-Arnauld de Belsunce, seigneur de Belsunce et de Phagandure (1). Edouard III, roi d'Angleterre, jaloux de voir ces trois gentilshommes, vassaux du duché de Guyenne, quitter son service, usa de rigueur à leur égard : le 22 avril 1344, il ordonne au sénéchal de Gascogne de faire démolir les forteresses et moulins que les seigneurs de Garro, de Phagandure et d'Ezpeleta ont fait construire sans sa permission, et de punir ces seigneurs des violences qu'ils ont exercées contre les habitants de leurs terres (2). — En 1350, Miguel de Garro reçut deux *mesnadas*, de 20 livres tournois chacune, pour son service de l'année (3). Dans les guerres de cette époque si agitée, Miguel se fit remarquer, par son audace et une bravoure à toute épreuve, parmi les chevaliers navarrais qui suivirent avec le plus de constance la fortune aventureuse de Charles le Mauvais. Epousant la querelle de leur souverain et voulant le venger de certaines injures, Martin-Henriquez, seigneur de Lacarre, Arnaud-Loup II, seigneur de Luxe, Arnaud-Raymond Ier, sire de Gramont, Miguel de Garro, Rodrigo d'Uriz, Corberan de Lehet, Carlos d'Artieda, Juan-Ramirez d'Arellano, le sire de Haux, Juan-Martinez de Medrano et Guillaume-Arnauld, seigneur de Belsunce, concertèrent la perte du connétable Charles d'Espagne, surnommé de La Cerda, comte d'Angoulême. Suivis de quelques serviteurs, ils surprirent le connétable dans le château de l'Aigle, en Normandie, et, malgré l'énergique défense de la garnison, les chevaliers navarrais le laissèrent sans vie. Charles de

(1) Arch. de Pampelune, *catalogue de Liciniano*, et caisse 5, nº 7.

(2) Arch. Nat., Msc., *Fonds Moreau*, vol. 652, fº 15.

(3) Arch. de Pampelune, caisse 11, nº 53.

La Cerda était le favori du roi de France. Outré de cet attentat, Jean II dut pourtant cacher son ressentiment ; forcé par les circonstances, il accorda un pardon solennel au monarque navarrais. — Mais de nouvelles trames ourdies par Charles le Mauvais, décidèrent le roi de France à se venger. Il se rendit à Rouen où le Dauphin avait convié le roi de Navarre à un somptueux banquet et envahit la salle du festin à la tête de cent hommes d'armes. Le roi Jean arrêta Charles le Mauvais et fit exécuter séance tenante, sur la place d'armes du château, les gentilshommes normands de la suite du Navarrais : le comte d'Harcourt, les sires de Granville et de Maubuy, ainsi que l'écuyer Olivier Dublet eurent la tête tranchée, en présence de Jean II qui se réserva de prononcer plus tard sur le sort du roi de Navarre. Il le promena de prison en prison pour le reléguer enfin au château fort d'Alleux. Les infants Philippe et Louis de Navarre envoyèrent un cartel au roi Jean, dès qu'ils apprirent l'arrestation de leur frère et se préparèrent à la guerre. Toutes les démarches qu'ils firent auprès du prince de Galles et du roi d'Aragon pour obtenir sa mise en liberté restèrent sans résultat, et Charles le Mauvais ne dut sa délivrance qu'au dévouement de quelques chevaliers basques dont l'histoire a transmis les noms : Rodrigo d'Uriz, chambellan du roi, Corberan de Lehet, alférez royal, Carlos d'Artieda, Ferrando d'Ayanz, sergent d'armes, Miguel de Garro, Miguel d'Echaux, Martin d'Uhart, Jacques de La Rue, Juan Beaubet et d'autres navarrais de distinction. Le duc d'Anjou et Jean de Pecquigny, gouverneur de l'Artois, favorisèrent le plan des libérateurs du roi de Navarre. Au mois de novembre 1357, les chevaliers navarrais purent s'introduire dans la forteresse d'Alleux, déguisés en charbonniers avec des armes cachées sous leurs vêtements ; ils massacrèrent le gouverneur et la garnison, et rendirent la liberté à leur souverain. De retour dans son royaume, Charles le Mauvais récompensa tant de dévouement par des dignités, des honneurs et des fiefs. Miguel de Garro, qui manifesta le désir de ne plus rester en Navarre et de vivre en chevalier errant, reçut une somme d'argent. Il quitta sa patrie et alla partout où la guerre était la plus vive. Dans les tournois et les duels publics en usage à cette époque et le plus souvent autorisés par la présence du souverain, Miguel de Garro, lorsqu'il ne pouvait y assister, faisait figurer un écusson à ses armes et son portrait le plus ressemblant. Il parcourut ainsi beaucoup de pays et revint en France où il mourut, vers l'an 1362, sans laisser de postérité. Les historiens navarrais, entr'autres le prince de Viane, parlent longuement de la vie aventureuse du *baron* de Garro ; nous dirons de cet insigne chevalier — rapportent-ils — qu'il fit des choses extraordinaires en France et en Allemagne, sans vouloir d'autre récompense que la renommée qui s'attachait à sa vaillance (1).

IX. ARNAULD DE GARRO, CHEVALIER, fils puîné de Bernard II, seigneur de Garro, est qualifié mesnadier du roi de Navarre en 1350, châtelain de Saint-Jean-Pied-de-Port et de Garris, bailli du pays de Mixe, dans plusieurs documents des années 1354 et 1356; il exerçait encore ces charges le 6 juin 1358 (2). On ignore le nom de sa femme, mais on sait que ses enfants furent :

1º GARCIE-ARNAULD, qui suit ;

2º MIGUEL DE GARRO, sergent d'armes du roi de Navarre et alcaïde du château de Larraya de 1365 à 1383. Le 28 septembre 1383, le roi de Navarre considérant les services de Miguel de Garro, son sergent d'armes, lui donne une maison dans la Navarrerie de Pampelune, à côté des maisons que tient déjà Amigot de Garro, son fidèle écuyer. Miguel était marié à Doña TEREZA D'IPULAR (3).

(1) Moret, *An. de Nav.*, t. IV, pages 9, 39 et 46. — Favyn, *Histoire de Navarre*, in-fº, pages 430 et 433. — Le vicomte de Belsunce, *Histoire des Basques*, t. III, pages 236, 240 et 245. — Notes et pièces justificatives D.

(2) Archives de Pampelune, *catalogue de Liciniano, années 1350, 1354 & 1356*.

(3) Ibidem, *années 1365 à 1383*.

On trouve encore Martin de Garro, chevalier, habitant de Pampelune en 1385, et Garcia de Garro qui faisait partie de l'armée du roi de Navarre à Cherbourg, en 1398 (1).

X. GARCIE-ARNAULD DE GARRO, IIᵉ DU NOM, ÉCUYER, succéda à Miguel, son oncle, avant l'an 1363 date à laquelle il était déjà seigneur de Garro. On le retrouve au nombre des mesnadiers du roi de Navarre de 1368 à 1378 (2). Le 30 juin 1363, au palais de l'archévêché de Bordeaux, il fit hommage au roi d'Angleterre et au prince de Galles, en même temps que les seigneurs d'Ezpeleta, d'Urtubie etc. (3), et en récompense des services qu'il lui rendit dans les guerres de son temps, Edouard III, par lettres patentes datées de Westminster le 16 octobre 1372, donna au seigneur de Garro [*Garc. Arn. domino de Garro, scutifero*], pour toute sa vie, le bailliage du pays de Labourd avec tous ses profits et appartenances, comme lui en avait précédemment fait donation le prince d'Aquitaine, moyennant une redevance annuelle de 200 livres (4). — Garcie-Arnauld de Garro, à l'exemple de tous les siens, s'attacha à Charles le Mauvais qui le chargea, vers 1372, de négocier le mariage d'une de ses filles avec un prince de la maison royale d'Angleterre ; le roi de Navarre écrivit à Pierre du Tertre, son secrétaire, *que le fire de Garro eftoit allé en Angleterre, & eftoit paffé du païs de Bretaigne en Angleterre en la compagnie du Duc de Bretaigne, & efperoit que le fait du dit mariage vendroit à bonne conclufion* etc. (5). En 1376, Garcie-Arnauld de Garro servait, avec le seigneur d'Ezpeleta, dans la compagnie des gens d'armes étrangers du comte de Foix. Le roi d'Angleterre, pour récompenser les services de *Garcies Arnald. domino de Garro,* lui fit don

(1) Archives de Pampelune, *catalogue de Liciniano, années 1385 & 1398.*
(2) Ibidem, *1368 à 1378,* et caisse 34, nº 16.
(3) *Collection Duchefne,* vol. 106, fº 313.
(4) *Fonds Moreau,* vol. 664, fº 212.
(5) Secousse, *Mémoires pour fervir à l'hiftoire de Charles II, roi de Navarre,* Paris 1755-58, in-4º, t. 2ᵉ pag. 407 : *Procès criminel fait à Pierre du Tertre, fecrétaire de Charles le Mauvais, en 1378.*

de 200 livres de monnaie courante à les prendre sur le bailliage de Ma-
rensin, dans la sénéchaussée des Lannes (1). Il laissa au moins quatre
fils de sa femme dont le nom n'est pas connu :

1º JEAN, qui suit ;

2º PIERRE-ARNAULD DE GARRO qui a fondé la branche des vicomtes de Zolina, comtes
de Xavier, rapportée ci-après ;

3º AMIGOT DE GARRO, sergent d'armes et écuyer du roi de Navarre, qui se distingua
dans les guerres de son temps. En 1378, 1379, 1384, on le voit donner quittance
de sa solde et de celle de ses compagnons. — Le 4 février 1378, le roi, pour récompenser les grands services rendus par Amigot de Garro *dans cette guerre,* lui fait
don de cinq maisons dans la Cité et Navarrerie de Pampelune, confrontant d'un
côté à la maison qu'il a donnée précédemment à Miguel de Garro. — Dans un
autre document du 19 mars 1378 Amigot est dit frère de Per Arnalt de Garro. —
Par lettres datées de Saint-Jean-Pied-de-Port le 17 août de la même année, le
roi de Navarre lui donne encore un domaine composé de terres, dîmes et moulins,
avec juridiction, dans la vallée d'Ossès en Basse-Navarre. — C'est là l'origine
du château compris sous les noms de *Palacio de Garro, Castañarena, La Châtaigne-
raie,* dans les catalogues des maisons nobles ayant entrée aux états généraux du
royaume de Navarre. — Le 2 mai 1379, Amigot de Garro consent à Guillaume
Planterose, trésorier de Navarre, un reçu de 174 florins d'Aragon sur ce qui peut
lui être dû pour ses gages et ceux des gens d'armes et pillards qu'il a tenus au service du roi de Navarre ; sur cette pièce est apposé le sceau dont nous avons donné
la description à la page 23. Amigot vivait encore en 1414 (2) ; il ne laissa pas de
postérité, et le château de Castañarena passa au seigneur de Garro, son neveu ;

4º et OGER DE GARRO tige de la seconde maison d'Ezpeleta dont la généalogie sera
l'objet des chapitres suivants ;

### On ignore de qui étaient fils :

a. SEMEIO DE GARRO qui, en 1378, donne quittance pour ses gages et ceux
de deux pillards ;

b. JUAN-PEREZ DE GARRO cité par les historiens Moret et Favyn comme l'un

(1) *Fonds Moreau,* vol. 664, fol. 462.
(2) Archives de Pampelune, *catalogue de Liciniano.* — Archives du château de Garro. — Archives de M.
le baron d'Ezpeleta.

des plus valeureux champions de l'antipape Benoît XIII, en 1398;

*c.* BIBIOT DE GARRO, ÉCUYER, qui figure pour un legs de 100 florins dans le codicille de Pées, seigneur de Laxague, de l'an 1393. En 1406 Bibiot est qualifié serviteur de monseigneur Léonel de Navarre. On le retrouve avec le titre d'écuyer en 1420 et 1422; enfin, le 1er octobre 1427, étant alors *vecino* de Miranda, il intervient dans un acte comme mandataire de Jean, seigneur de Gramont (1);

XI. JEAN, IIe DU NOM, SEIGNEUR DE GARRO, avait déjà succédé à son père le 13 juin 1379 : à cette date le roi de Navarre, en mémoire des bons et agréables services que lui a rendus, en son temps, *Don Garcie-Arnalt, señor que fué de Garro*, donne à *Don Juan, señor actual de Garro*, les dîmes de *Luzuriain* et de *Arizcuren*, afin qu'il puisse le servir comme le fit le dit seigneur, son père (2). — Le 18 février 1381, Richard II, roi d'Angleterre, écrivit à Loup de Saint-Julien, seigneur de Sault, aux seigneurs d'Urtubie, de Lahet, d'Ezpeleta, de Garro, de Phagandure, de Haïtze, de Sorhouette, de Hirigoyen, et à tous les nobles de Labourd, de refuser le passage par leur territoire aux gens du roi de Castille qui voulaient faire dommage à ceux de Bayonne (3). — En 1387, Jean de Garro était encore au service du roi de Navarre (4). Il laissa de sa femme dont on ignore le nom :

 1º  GARCIE-ARNAULD, qui suit;

 2º  et JEAN DE GARRO, abbé de Burgui, qui est dit neveu de mossen Per-Arnalt de Garro, seigneur de Zolina, maître d'hôtel du roi, dans un acte du 16 septembre 1421 (5);

XII. GARCIE-ARNAULD DE GARRO, IIIe DU NOM, CHEVALIER, SEIGNEUR DE GARRO ET AUTRES PLACES, servait dans l'armée du roi de Navarre en

(1) Archives de Pampelune, *catalogue de Liciniano*.
(2) Ibidem , caisse 39, nº 60.
(3) *Fonds Moreau*, vol. 655, fº 75.
(4) Arch. de Pampelune, *catalogue de Liciniano*.
(5) Ibidem.

1397 (1). En 1404, Charles le Noble récompensa ses services par le don des dîmes de *Atizain, Lecuriain* et *Mendionde* (2). Garcie-Arnauld est qualifié chevalier et seigneur de Garro en 1405, et dans un autre acte de 1421, il est nommé avec Saubat de Garro, écuyer, son fils (3).

XIII. SAUBAT DE GARRO, I<sup>er</sup> DU NOM, ÉCUYER, était déjà seigneur de Garro le 4 août 1422, lorsqu'il prêta hommage au roi de Navarre, en la ville de Tafalla, pour les dîmes, offrandes et revenus des paroisses de *Atizain, Lecuriain* et *Mendionde,* se reconnaissant son homme lige et jurant de le servir contre tous les hommes du monde, à l'exception du roi d'Angleterre dont il était aussi vassal (4). — En 1427, le roi de Navarre manda à Bertrand, seigneur de Laxague, aux seigneurs de Garro, de Salha, d'Uhart et d'Arberats, à Gracian de Gramont, Bertrand de Lacarre et Arnauton d'Olce de ne pas se joindre aux factions de Gramont ou de Luxe. Saubat de Garro est qualifié écuyer du roi en 1430, et porté sur des rôles de 1427 et 1430 comme ayant la jouissance à vie des dîmes de *Lucuriain* et *Atizain* (5). — En 1430, le même seigneur de Garro, *escudeso,* donne quittance pour sa solde et celle de 4 hommes d'armes et 39 arbalétriers étrangers avec lesquels il doit aller rejoindre *mossen* Bertrand, seigneur d'Ezpeleta et vicomte de Valderro, chargé de la défense des Cinq-Villes; dans un autre reçu délivré en la même année par Saubat de Garro, on voit que l'effectif des troupes du seigneur d'Ezpeleta était de 4 hommes d'armes (*a*), 150 arbalétriers et lanciers étrangers, sur lesquels

(*a*) On sait que chaque homme d'armes était accompagné de trois archers, d'un écuyer et d'un page.

(1) Archives de Pampelune, *catalogue de Liciniano*.
(2) Ibidem, caisse 81, n° 6.
(3) *Catalogue de Liciniano*.
(4) Arch. de Pampelune, comptes, t. 375.
(5) *Catalogue de Liciniano*.

52 avaient été amenés d'Espelette par Demenjon de Vidart et Per d'Ezpeleta, écuyers, et 150 arbalétriers navarrais (1). — En 1445, le roi accorda à *Saubat, sire de Garro*, une pension de 200 livres, sa vie durant,
comme récompense de ses services (2). — Le nom de la femme de Saubat de Garro n'est pas connu, mais on voit qu'il laissa deux fils :

    1°   SAUBAT, qui suit ;

    2°   et MARTIN DE GARRO qui servait dans la compagnie des gardes du corps de Louis
        XI, roi de France, avec Sanxin d'Urtubie et Gracian de Gramont, suivant un rôle
        de revue du 1er octobre 1474.

XIV. SAUBAT OU SALVAT DE GARRO, IIᵉ DU NOM, CHEVALIER, SEIGNEUR
DE GARRO dès l'an 1461 (3), se maria à Doña AGNÈS DE VERAIZ, fille et
héritière de *Don Juan-Peritz de Veraïz, seigneur du palais de Veraïz-mayor,
d'Osacain, Olhaïz, Olhabe, et Sauroren, conseiller et majordome de la princesse
Léonor de Navarre, comtesse de Foix,* et de *Doña Aldonja de Monteagudo* (a).
Salvat de Garro et sa femme afferment la ferrerie d'Urt le 8 mai 1481 (4).
Leur tombeau, dans le cloître de la cathédrale de Pampelune, représente
le seigneur et la dame de Garro couchés, la tête sur un coussin et les
mains jointes ; à droite l'écusson de Garro, et à gauche celui de Veraïz-
mayor : *d'or à la herse d'azur.* Salvat et Agnès de Veraïz laissèrent :

    1°   GASTON, qui suit ;

(a) Comme les lignages de Garro et d'Espeleta, Juan-Peritz de Veraïz suivait le parti des Agramontais.
Assiégé par les Beaumontais dans le château de Monréal, le seigneur de Veraïz défendit cette place avec
tant de courage, que les assaillants furent obligés de se retirer. En considération de quoi, et parce que le
château de Veraïz avait été saccagé par les rebelles, Jean II, roi de Navarre, donna à Juan-Peritz qui
avait fait de grandes dépenses et perdu beaucoup de parents, les *pechas* des villages de Veraïz, Osacain,
Olhaïz, Olhabe et Sauroren, par lettres patentes d. l'an 1461 (Arch. de Pampelune, comptes, t. 505).
Cette donation fut confirmée en 1474, 1479, 1481 et 1578, par lettres royales qui sont aux archives du
château de Garro.

(1) Archives de Pampelune, *catalogue de Liciniano,* et caisse 111, n° 1.
(2) *Collection Duchesne,* vol. 106, fº 348.
(3) *Catalogue de Liciniano.*
(4) Arch. de Garro. A partir de ce degré la filiation étant prouvée par les documents conservés dans ces
archives, nous n'indiquerons que les sources étrangères.

2⁰ et BALTHAZAR DE GARRO, seigneur d'Olhaïz et du palais d'Iraïsoz en 1513. — Il mourut sans postérité de son mariage avec Doña CATALINA D'EZPELETA fille de *Don Bernard d'Ezpeleta et Baquedano, chevalier, seigneur de Beyre et de San-Martin-de-Unx, et de Doña Catalina Pasquier.*

XV. GASTON DE GARRO, ÉCUYER, SEIGNEUR DE GARRO etc., servait en 1496, sous le nom de sa mère [*Gaston de Berrayts*], dans la compagnie de Roger, seigneur de Gramont et de Bidache, gouverneur de Bayonne, ainsi que cela résulte d'une revue passée à Bayonne le 17 août de la dite année. En 1507, Louis XII, roi de France, ayant fait publier la convocation du ban et de l'arrière-ban pour réunir à la frontière ses bons et loyaux sujets, chevaliers, nobles ou autres, tenant de lui des fiefs ou arrière-fiefs, *noble homme Gaston de Garro, seigneur de Garro,* comparut armé de salade, cotte, brigandine, épée, poignard etc., et la javeline au poing, monté sur un bon cheval. Il assista à l'assemblée des états généraux de Navarre, en 1513, et fut présent, le 29 octobre de la même année, à la publication des coutumes du pays de Labourd. Gaston de Garro laissa de sa femme dont on ignore le nom :

1⁰ JEAN, qui suit ;

2⁰ et MARIE DE GARRO [*Mallia, hija de Don Gaston, señor de Garro*] ;

XVI. JEAN DE GARRO, IIIᵉ DU NOM, ÉCUYER, SEIGNEUR DE GARRO etc., engagea, avec le consentement d'autre Jean de Garro, son fils et héritier, les rentes et dîmes de Veraïz, Olhaïz, Sauroren, Olhabe, Osacain, Iraïsoz, Arrain et Osabide, le 4 octobre 1538, à Don Pedro de Egües, avocat au conseil royal, pour 1000 ducats d'or.

XVII. JEAN DE GARRO, IVᵉ DU NOM, ÉCUYER, SEIGNEUR DE GARRO etc., épousa, avant le 23 mai 1551, Doña CATALINA DE BEAUMONT-NAVARRE, fille de *Don Tristan de Beaumont-Navarre et de Doña Francesa de Lacarre.* A cette date, il donna quittance de 400 ducats d'or à valoir sur la dot de

sa femme, et en 1557, il engagea avec elle la moitié du moulin de Castañarena. Il laissa de ce mariage :

1º JEAN, qui suit ;

2º TRISTAN DE GARRO, qui était sous la tutelle de Tristan de Beaumont-Navarre, son
aïeul, en 1561, avec son frère et sa sœur.

JEAN DE GARRO, ÉCUYER, présumé fils ou petit-fils de Tristan, épousa
avant le 16 novembre 1645, CATHÉRINE DE BÉNÉJAC, fille de *Jean de Bénéjac,
bailli royal de Saint-Palais, seigneur engagiste de la maison noble de Castañarena.*
Jean de Garro fit son testament le 6 novembre 1647, en la maison de Guillan-
tena de Horça, au pays d'Ossès. Il déclara vouloir être enterré en l'église de
Saint-Julien de Horça, dans la part de la noble maison de Garro. Il avait deux
filles et sa femme était enceinte. Il fit un legs à Jeanne de Garro, sa sœur, et
désigna pour ses exécuteurs testamentaires Mᵉ Ramon de Garro, prêtre du lieu
de Horça, et Mᵉ Arnaud d'Olhagaray (1). Ses filles étaient :

*a.* CATHÉRINE DE GARRO mariée, avant 1674, à GUILLAUME DE
PELLEGRIN.

*b.* et DOMINICAINE DE GARRO femme, par contrat du 2 mai
1681, de PIERRE D'ARCANGUES, écuyer, seigneur du dit lieu
et de Curutchet d'Ayherre, en présence de André d'Urtubie,
baron de Garro, et Jean d'Olhagaray, prêtre.

3º et MARIE DE GARRO ;

XVIII. JEAN DE GARRO, Vᵉ DU NOM, ÉCUYER, SEIGNEUR DU DIT LIEU, DE
VERAIZ, etc., était sous la tutelle de Don Tristan de Beaumont-Navarre
en 1561, et en 1562 sous celle d'Adrien d'Aspremont, vicomte d'Orthe,
gouverneur de Bayonne. Le 6 octobre 1568, il fit hommage au roi d'Espagne pour ses biens de Navarre, et obtint, le 8 mai 1578, de Henri, roi
de Navarre, la confirmation du don fait en 1461 au seigneur de Veraïz.
Jean de Garro servit avec distinction dans les guerres que Henri IV eut à
soutenir contre la Ligue, et reçut de ce prince, en 1590, une gratifica-
tion de 1,000 livres (2). — Il se maria, par contrat du 9 mars 1572, à

(1) Genestet de Chayrac, *Armorial de Navarre*, Msc., dossier Garro.
(2) Archives des Basses-Pyrénées.

ISABEAU DE DOMEZAIN, veuve de *Jean de Mont-Réal d'Urtubie, chevalier, seigneur de Sault et de Miots*, et fille de *Gilles, seigneur de Domezain et de Beyrie, chevalier*, et de *Cathérine de Monein*. Jean de Garro est assisté dans cet acte par Jean, seigneur d'Armendarits, son proche parent et allié ; il laissa de ce mariage :

> 1° ANTONIN, SEIGNEUR DE GARRO, VERAIZ etc., qui mourut après le 23 août 1603, sans postérité de son mariage avec Doña GRACIOSA DE CIGA.
>
> 2° et AIMÉE, qui suit ;

XIX. AIMÉE DE GARRO hérita des biens de sa maison à la mort de son frère. Elle fut fiancée à noble PIERRE D'ARBIDE DE LACARRE, et en eut une fille, Françoise-Diane de Lacarre, après contrat et fiançailles, mais avant la célébration du mariage qui avait été retardée parce que les futurs époux étaient parents au 4ᵉ degré. Pierre d'Arbide mourut avant l'obtention de la dispense, et Aimée de Garro présenta une requête au roi pour faire déclarer sa fille héritière légitime des biens de la maison de Lacarre. Une transaction survint à ce sujet le 17 octobre 1604, entre Jean d'Arbide, écuyer, seigneur de Lacarre, Gamarthe, Suhescun etc., d'une part, noble François de Mont-Réal, dit de Domezain et d'Urtubie, seigneur d'Armendarits, et messire Arnaud de Maytie, évêque d'Oloron, d'autre part ; Diane de Lacarre entra en religion au couvent de Sainte-Claire de Bayonne, en 1619. Aimée de Garro s'était remariée, en la cathédrale de Bayonne, le 29 juillet 1611 (contrat post-nuptial du 17 septembre 1612) à GUILLAUME DE NAU, ÉCUYER, dont elle eut :

> 1° BERTRAND DE GARRO qui reçut les ordres mineurs en 1623 ;
>
> 2° HENRY DE GARRO, capitaine des gardes du comte de Gramont, vice-roi de Navarre et gouverneur du Béarn, qui mourut avant le 6 juillet 1641, sans postérité ;
>
> 3° et MARIE, qui suit ;

XX. MARIE DE GARRO, qui porta — comme ses frères — le seul nom de Garro, succéda aux biens de cette maison et les porta en dot, par contrat du 27 juillet 1641, après avoir obtenu des dispenses de parenté, à noble SALVAT DE GAMBOA D'ALZATTE, CHEVALIER, SEIGNEUR D'URTUBIE, D'ALZATTE ET DE FAGOSSE, gentilhomme ordinaire de la chambre du roi, bailli d'épée et colonel des milices du pays de Labourd, veuf de *Françoise de Castegnalde*. — Plusieurs enfants naquirent de ce mariage, entr'autres, André d'Urtubie, baron de Garro, seigneur de Castañarena, dont la postérité est représentée de nos jours par M. le baron de Garro.

✤ ✤
✤

IV

XI. PIERRE-ARNAULD DE GARRO, CHEVALIER, SEIGNEUR DE ZOLINA, second fils de Garcie-Arnauld II, seigneur de Garro, est dit frère d'Amigot de Garro dans un acte du 19 mars 1378. En 1380 il était écuyer et mesnadier du roi de Navarre, et l'année suivante chambellan de Charles le Mauvais qui lui donna 200 florins d'or, au mois de septembre 1383, comme récompense de ses services. Le même monarque lui fit don, en 1384, des *pechas* des Cinq-Villes, et le 2 mai 1385, des maisons qu'il tenait déjà dans la Navarrerie de Pampelune, sa vie durant, pour ses bons services. En 1389 il acquit de Doña Marquesa de Mauléon, pour 1,000 florins d'or, la seigneurie du village de Zolina, dans la vallée d'Aranguren en Navarre, et en la même année Charles le Noble l'arma chevalier, en même temps que Semen-Garcia d'Echaux, vicomte de Baïgorry, Jean de Domezain, Martin d'Aybar et Gascon d'Urroz; le roi leur fit présent de 52 coudées de drap rouge d'Ypres pour faire cinq manteaux longs qu'ils devaient porter le jour des fêtes de leur chevalerie. En 1390 Pierre-

Arnauld de Garro assista au couronnement de Charles le Noble dont il était alors maître d'hôtel et qui lui fit rémission des *cuarteles y imposiciones* du château de Zolina. Au mois d'octobre 1393, Don Carlos de Beaumont, alférez royal de Navarre, le maréchal Martin-Henriquez de Lacarre et Pierre-Arnauld de Garro, chevaliers, se trouvaient à la cour du roi d'Angleterre, au palais de Westminster : on les voit intervenir dans plusieurs traités comme envoyés et procureurs du roi de Navarre. Le seigneur de Zolina accompagna le roi de Navarre à Paris, avec l'évêque de Bayonne et plusieurs gentilshommes, en 1397. Il figure dans une déclaration des états de Navarre du 3 décembre 1402 parmi les chevaliers, tandis que Oger de Garro, seigneur d'Ezpeleta, son frère, et le seigneur de Garro, son neveu, y sont classés parmi les écuyers. Par son testament de l'an 1403, Charles le Noble ordonna qu'à sa mort le gouvernement de ses fut confié au prieur de Navarre de Saint-Jean de Jérusalem, et à mossen Juan-Ruiz d'Aybar, et en cas d'empêchement pour l'un d'eux, à mossen Gascon d'Urroz et à mossen Pierre-Arnauld de Garro. Ce dernier figure dans un acte de 1406 avec Bibiot de Garro ; en la même année, le roi lui fit don du village d'Andiricain, dans la vallée d'Elorz, mérindé de Sangüesa. Le nom de sa femme n'est pas connu [ il est fait mention d'elle dans un document du 14 novembre 1387 : *mossen Per Arnaud de Garro y su muger* ] (1), mais on sait qu'il fut père de :

1º LÉONEL, qui snit :

2º et CHARLES DE GARRO, *donzel du roi* de 1420 à 1424 ; en 1430 il est dit frère de mossen Léonel de Garro ;

XII. LÉON ou LÉONEL DE GARRO, 1er DU NOM, CHEVALIER, VICOMTE DE ZOLINA, *donzel du roi* de 1420 à 1424, assista en 1437 au mariage de l'in-

(1) Arch. de Pampelune, *catalogue de Liciniano* et caisse 47 num. 66, c. 49 n. 24, c. 56 n. 41, c. 76 n. 10 et 32, c. 122 n. 7. — Rymer, — Moret, etc.

fante Blanche de Navarre avec le prince des Asturies. En 1441 il s'empara des biens d'Ochoa de Donamaria pour se rembourser de certaines
sommes que ce chevalier lui devait. Léon de Garro, justicier et capitaine
de Pampelune dès l'an 1427, fut aussi pourvu de la charge de capitaine
général de la province de Guipuzcoa en 1445. Il suivit d'abord le parti
du prince de Viane et fut l'un des principaux chefs de la faction Beau-
montaise; surpris par les Agramontais dans la vallée de Salazar, il fut
défait avec une suite assez nombreuse, et son fils Jean resta aux mains
de l'ennemi (1452). En 1454 il était maître d'hôtel du prince de Viane
qui lui fit don du château de Rocafort et du bourg de Sangüesa-la-vieja
avec ses rentes et la juridiction moyenne et basse. Il abandonna bientôt
le parti de l'infant Don Carlos pour se ranger sous la bannière du roi Jean
qui lui confirma la donation de Rocafort et de Sangüesa-la-vieja, le 31
décembre 1455, et y ajouta l'année suivante les villages de Santa-Cecilia
et de Zolina avec le titre de vicomte. Léon de Garro avait épousé avant
le 1er octobre 1427, Doña MARIANA DE SUHESCUN (1) dont il eut :

1º  JEAN, qui suit ;

2º  et JEANNE DE GARRO, *demoiselle suivante et familière* de la reine de Navarre, mariée
par contrat passé au château de Pau le 18 juin 1504 à noble GILLES DE DOMEZAIN,
chevalier, seigneur de Domezain, Beyrie, Carresse etc., écuyer de la même reine
qui donna 2,000 francs bordelais à chacun des époux et habilla Jeanne de Garro à
sa convenance. Le vicomte de Zolina promit à sa sœur une dot de 1,000 fr. bord.;

On présume que les suivants étaient fils de Léon ou de Charles :

ESTEBAN et PIERRE-ARNAULD DE GARRO, et LÉONEL *bâtard* DE GARRO,
capitaines de la faction Agramontaise. — Esteban se distingua dans la guerre de Catalogne en 1462. — Pierre-Arnauld est nommé parmi les chevaliers agramontais réunis à Tafalla, en 1474, par la princesse Léonor. Il fut
présent à un arrangement fait en 1484 entre le roi de Castille et les députés

(1) Archives de Pampelune, Comptes, tomes 487, 490 et 516, *catalogue de Liciniano*, et caisse 126 num.
21, caisse 157 num. 34.

de la ville de Tudela. — Léonel *bâtard* de Garro fut tué dans une rencontre
entre Beaumontais et Agramontais en 1481.

XIII. JEAN DE GARRO, — 1er du nom dans cette branche, — VICOMTE DE
ZOLINA, SEIGNEUR DE ROCAFORT etc., suivit comme son père le parti des
Agramontais. Il est nommé, avec Pierre - Arnauld de Garro, parmi les
chevaliers de la faction de Gramont réunis à Tafalla par la princesse Léonor le 4 avril 1474. Il assista en 1494 au couronnement de Jean d'Albret
et de Cathérine de Navarre, et leur prêta serment de fidélité avec Jean,
baron d'Ezpeleta et vicomte de Valderro, en 1512, lorsque Ferdinand le
Catholique s'empara de la Haute-Navarre ; mais il mourut peu de temps
après et son fils passa au service du roi de Castille (1). Jean de Garro
laissa de son mariage avec Doña LÉONOR DE GRAMONT fille de *Gracian de
Gramont, chevalier, seigneur de Haux et d'Olhaiby, ricombre de Navarre* :

XIV. LÉON DE GARRO, IIe DU NOM, VICOMTE DE ZOLINA, qui vivait au
château de Zolina en 1520. En 1525 il assista à l'assemblée des Cortès
du royaume de Navarre, Ferdinand le Catholique dont il avait embrassé
le parti avec la faction de Beaumont, lui confirma, en 1514, la donation
de Rocafort et de Sangüesa-la-vieja (2). Le nom de sa femme n'est pas
connu, mais on voit que son fils aîné fut Sébastien de Garro.

XV. SÉBASTIEN DE GARRO, VICOMTE DE ZOLINA, assista, en 1550, aux
Cortès de Navarre qui l'envoyèrent en mission auprès de l'empereur
Charles - Quint (3). Il est rappelé dans un acte de 1561 comme père de
Géronimo qui suit ;

XVI. GÉRONIMO DE GARRO, VICOMTE DE ZOLINA en 1564, avait épousé
en 1556 Doña ANA DE XAVIER, fille de *Don Miguel, seigneur de Xavier,*

(1) Arch. de Pampelune, Comptes, tomes 21 et 29, et caisse 129 num. 19, c. 193 n. 42.
(2) Ibidem, caisse 178 num. 1.
(3) Ibidem, registres des Cortès.

*Azpilcueta et Idocin*, et de *Doña Isabel de Goñi*, et nièce de *Saint François de Xavier*. De ce mariage naquirent :

1º Léon, qui suit;

2º Miguel de Garro et Xavier, qui servit en Flandre;

3º Carlos, mort jeune;

4º Léonor de Garro et Xavier mariée à Don Francisco d'Ayanz, seigneur de Guendulain;

5º et Madalena de Garro et Xavier;

XVII. Léon de Garro et Xavier, IIIᵉ du nom, vicomte de Zolina, seigneur de Xavier, Azpilcueta, Idocin etc., assista aux Cortès de 1593 à 1600, et laissa de son mariage avec Doña Ignès de Colomo et Luna, fille de *Don Pedro de Colomo, chevalier, seigneur de Malon*, et de *Doña Maria de Luna* :

1º Miguel-Géronimo, qui suit ;

2º Mariana ;

3º Léonor-Géronima ;

4º et Maria-Madalena de Garro et Xavier ;

XVIII. Miguel-Géronimo de Garro et Xavier, vicomte de Zolina, seigneur de Xavier, Azpilcueta, Idocin et autres lieux, eut pour successeur Jean, son fils, qui suit ;

XIX. Jean de Garro et Xavier, IIᵉ du nom, vicomte de Zolina, seigneur de Xavier, Azpilcueta et Idocin, obtint de Philippe IV, roi d'Espagne, l'érection de la terre de Xavier en comté, par lettres patentes du 26 août 1625, en récompense des services qu'il a rendus à la couronne *et parce que* — ajoutent les lettres — *le glorieux Saint François Xavier est de sa maison*. Jean de Garro assista aux Cortès de 1607 comme vicomte de Zolina et seigneur de Xavier. On voit par les procès-verbaux des assemblées des Cortès que son fils aîné fut Bernard dont l'article suit ;

XX. BERNARD DE GARRO ET XAVIER fut admis aux Cortès, en 1628 comme vicomte de Zolina en vertu d'une donation de son père, et en 1642 en qualité de comte de Xavier. Il avait été nommé alcalde annuel de Pampelune le 15 septembre 1639. Ses enfants furent :

1º BARTHOLOMÉ DE GARRO ET XAVIER qui assista aux Cortès de 1642 comme vicomte de Zolina en vertu d'une donation de son père, et mourut sans postérité.

2º JUAN-ANTONIO, qui suit ;

3º et FRANCISCO DE GARRO ET XAVIER qui se distingua particulièrement, comme capitaine d'une compagnie d'infanterie, à la défense de Fontarabie en 1648 et y fut grièvement blessé. Il épousa une demoiselle de SALINAS et en eut :

JUAN-MANUEL DE GARRO-XAVIER ET SALINAS à qui le roi d'Espagne accorda une entrée personnelle aux Cortès de Navarre par lettres du 11 mars 1646 en faveur des services rendus par son père.

XXI. JUAN-ANTONIO DE GARRO ET XAVIER, COMTE DE XAVIER, VICOMTE DE ZOLINA, fut admis aux Cortès de 1645 comme vicomte de Zolina par donation de son père et nommé alcalde annuel de Pampelune le 9 septembre 1668. Il se maria avant 1652 à Doña MARIA-GRÉGORIA DE ARIZCUN-BEAUMONT-NAVARRE ET CRUZAT, fille de *Don Juan de Arizcun-Beaumont-Navarre, vicomte d'Arberoue, baron de Behorleguy,* et de *Doña Maria-Angela de Cruzat et Ezcurra* ; il n'en eut pas d'enfant, mais il laissa d'un autre mariage :

XXII. FRANCISCO-ANTONIO DE GARRO ET XAVIER, VICOMTE DE ZOLINA en 1677.

Le comté de Xavier, la vicomté de Zolina et les autres biens de cette branche passèrent dans la maison d'Idiaquez, originaire de Guipuzcoa, par le mariage de *Doña Maria Aznarez de Garro-Xavier et Navarre-Mauléon, marquise de Cortez, vicomtesse de Muruzabal* etc., et héritière de la charge de maréchal de Navarre, avec Don ANTONIO DE IDIAQUEZ, DUC DE GRANADA DE EGA, qui, par suite, fut élevé à la dignité de maréchal le 12 février 1706. Leur fils, *Don Ignacio de Idiaquez Aznarez de Garro Navarre Loyola Garnica Cordova et Mauléon, duc de Granada de Ega, marquis de Cortez et de Valdetorres, comte de Xavier, vicomte de Zolina et de Muruzabal*, gentilhomme ordinaire de la chambre du roi et lieutenant général de ses armées, chevalier de l'ordre de San - Genaro, fut nommé maréchal de Navarre le 19 juin 1755.

V

La maison de Garro a eu plusieurs autres branches en Navarre et en Guipuzcoa. — En 1557 JUAN et ESTEBAN DE GARRO, qui résidaient à San - Martin de Unx, furent reconnus nobles comme étant originaires de la maison noble de *Iruin*, dans la paroisse de Mendionde en Labourd. — Un autre rameau établi aux Cinq - Villes était représenté vers la fin du xvi⁰ siècle par Don JUAN - MIGUEL DE GARRO dont la fille, *Doña Maria de Garro*, épousa en 1599 *Don Martin de Irisarri-Bolonia*. On verra plus loin que cette maison de Irisarri a contracté deux alliances avec la branche d'Ezpeleta d'Aranaz.

# CHAPITRE III

# VICOMTES DE VALDERRO,
# BARONS D'EZPELETA,
## DE GOSTORO, D'AMOTZ ET DE NOAILHAN,

SEIGNEURS DE SURHAIDE, DE BERRIOZAR,
DE TAJONAR, DE TORRES,
ET AUTRES LIEUX.

I

RMOIRIES : — *Ecartelé, aux 1 et 4 de gueules aux chaines d'or passées en croix, en orle et en sautoir, et se rattachant au centre à une émeraude au naturel ; aux 2 et 3 d'azur semé de fleurs de lis d'or,* à la barre componée d'hermine et de gueules ; sur le tout d'argent au lion rampant de gueules. — Supports : *deux lions au naturel, tenant chacun un pennon armorié, celui de droite d'*EZPELETA, *et celui de gauche de* GARRO.

L'écu est timbré d'une couronne de vicomte sommée d'un casque orné du tortil de baron et de lambrequins aux couleurs du blason. — Cimier : *une tête de loup au naturel, la gueule béante et la langue pendante.* —

Au dessus du cimier, un listel ondoyant avec le cri de guerre :
*EZPELETA !*

✿ ✿
✿

II

XI. OGER DE GARRO, ÉCUYER, SEIGNEUR D'EZPELETA ET DE VALDERRO,
écuyer des rois Charles II et Charles III de Navarre, bailli du pays de Labourd pour le roi d'Angleterre, — 4ᵉ fils de Garcie-Arnauld II, seigneur
de Garro, bailli de Labourd, — avait épousé, avant l'an 1382, Doña
JUANA D'EZPELETA, fille et héritière de *Don Garcie-Arnauld III, seigneur
d'Ezpeleta, chevalier,* et de *Doña Juana-Miguel d'Echaux,* et petite-fille de
*Don Miguel d'Echaux, chevalier, seigneur de Valderro* (1). [Armes de Juana
d'Ezpeleta : *écartelé, aux 1 et 4 d'argent au lion rampant de gueules,* qui est
d'Ezpeleta ; *aux 2 et 3 d'argent à trois fasces d'azur,* qui est d'Echaux.] —
Par lettres datées de Puente-la-Reina le 4 février 1382, Charles le Mauvais considérant les bons et agréables services que lui ont rendus *Oxer de
Garro,* son écuyer, et ses prédécesseurs, en beaucoup de circonstances et
de diverses manières, donne au dit Oger la moitié des *pechas* de Valderro,
pour en jouir sa vie durant. Oger de Garro prit part aux guerres de Gascogne dans l'armée du roi d'Angleterre qui récompensa ses services par
le don des bailliages de *Thelouzette* et de *Saint-Maurice,* — lettres datées
de Westminster le 12 février 1384. Il fut aussi bailli du pays de Labourd
ainsi que le prouve un acte de l'an 1389 dans lequel *En Martin de Sault,
seignor d'Irigoyhen, loctenant deu Bailli de la terre de Labourd pour lo Noble
Auger, filh de Garro, seignor d'Espelete,* préside la cour d'Ustaritz. Charles
le Noble lui confirma la donation de la moitié des dîmes de Valderro, en

(1) Notes et pièces justificatives E.

1387. Oger figure avec Pierre-Arnauld, son frère, et le seigneur de Garro dans une déclaration des états de Navarre du 3 décembre 1406. *Doña Juana, señora de Ezpeleta, mujer de Oger de Garro,* est ainsi nommée dans un acte du 27 juin 1406 (1). — Oger mourut avant le 15 mai 1408, et laissa de son mariage quatre enfants qui relevèrent le nom et les armes d'Ezpeleta :

1º BERTRAND qui suit ;

2º BERNARD D'EZPELETA qui a fondé la branche des comtes d'Ezpeleta de Beyre, et celle des marquis de Gongora, rapportées aux chapitres IV et V ;

3º JUAN D'EZPELETA tige de divers rameaux dont la filiation fait l'objet du chapitre VI ;

3º et JUANA D'EZPELETA mariée en 1406 à *mossen* PIERRE DE PERALTA, CHEVALIER, SEIGNEUR DE PERALTA, ANDOSILLA ET MARCILLA, ricombre de Navarre, conseiller et maître d'hôtel du roi : Charles le Noble donna à la fiancée une dot de 6,000 florins (2) ;

XII. BERTRAND D'EZPELETA, Ier DU NOM, CHEVALIER, VICOMTE DE VALDERRO, seigneur d'Ezpeleta, de Luzaïde, de Tajonar etc., fut armé chevalier en 1408 par Charles le Noble, roi de Navarre, qui lui donna pour les fêtes de sa chevalerie un coursier du prix de 200 florins, et lui confirma la donation de toute la terre de Valderro, avec le titre de VICOMTÉ et la juridiction basse, par lettres patentes du 15 mai 1408. — Bertrand d'Ezpeleta était chambellan de Charles le Noble dès l'an 1414 (a); le 10 mai 1419, à Tafalla, il assista au mariage de l'infante Doña Isabel, fille du roi, avec Jean, comte d'Armagnac, et il épousa, vers l'an 1420, Doña

(a) A cette époque, les autres chambellans du roi étaient : Jean d'Echaux, vicomte de Baïgorry, Jean de Béarn, baron de Behorleguy, Oger d'Uhart, seigneur d'Uhart-Suzon et de Sorhapuru, et Guillaume-Arnaud de Leizarazu, dit de Sainte-Marie, seigneur d'Ursua et de Sainte-Marie de Larcevau, châtelain de de Saint-Jean-Pied-de-Port, chevaliers bas-navarrais, Oger III de Mauléon, seigneur de Rada, chef de l'ancienne maison vicomtale de Soule, et Pées de Vergara, seigneur du palais de Vergara en Baztan.

(1) Arch. de Pampelune, c. 44 n. 35, c. 56 n. 68 et 69, c. 84 n. 3, c. 88 n. 15, c. 90 n. 28 et c. 93 n. 39; Comptes, tome 101. — Bibl. Nat., Msc., *Collection Duchesne*, vol. 110, fº 15; *Recueil de Doat*, année 1402. — Rymer, *Fædera* etc. etc., t. 1, pag. 172.

(2) Arch. de Pampelune, caisse 94 num. 22.

LÉONOR DE VILLAESPESA, fille de *Don Francès de Villaespesa, chevalier, docteur en droit et chancelier du royaume*, et de *Doña Isabel de Ujué*. Le roi lui fit un présent de noce de 1,000 florins. [Armes de Villaespesa : *de gueules au château donjonné de trois tours d'or*.] — Le seigneur d'Ezpeleta fut aussi chambellan du roi Jean II, et, en 1445, conseiller de l'infant Don Carlos de Navarre et chambellan de la princesse de Viane. — Le 15 mai 1429 eut lieu, dans la cathédrale de Pampelune, le couronnement de la reine Blanche de Navarre et de Jean d'Aragon, son époux, en présence des états ; parmi les seigneurs qui assistaient à cette brillante cérémonie, on remarque l'alférez royal Don Carlos de Beaumont et Louis, son fils, le maréchal Philippe de Navarre, Bertrand d'Ezpeleta, Pierre de Peralta, le vicomte de Baïgorry, les seigneurs de Luxe et de Belsunce, Oger de Mauléon, seigneur de Rada, et Jean d'Asiayn, seigneur de Lacarre, beau-frère de la vicomtesse de Valderro (*a*). — En la même année, le roi Jean qui envoyait des troupes de secours à Alphonse V, roi d'Aragon, son frè-re, alors en guerre avec la Castille, mit les frontières de la Navarre en état de résister aux premières attaques de l'ennemi, et on voit par les archives de Pampelune que la plupart des capitaines auxquels il confia la défense des forteresses, étaient des Basques cis-pyrénéens. Comme nous l'avons déjà dit, Bertrand d'Ezpeleta et Saubat de Garro furent envoyés aux Cinq-Villes avec 4 hommes d'armes et 300 arbalétriers et lanciers,

(*a*) Léonor de Villaespesa, dame d'Ezpeleta et vicomtesse de Valderro, avait trois sœurs : — *Blanche de Villaespesa* mariée à *Jean d'Asiayn*, *chevalier, seigneur de Lacarre, & de Gamarthe, chambellan du roi & capitaine des gardes de la reine* ; — *Isabel* ; — et *Maria de Villaespesa* femme de *Don Martin de Peralta, chevalier, seigneur d'Arguedas, chancelier de Navarre & mérin de la Ribera,* 3º fils de *Pierre de Peralta & de Juana d'Ezpeleta*. — Francès de Villaespesa testa le 16 sept. 1421. On lit son épitaphe et celle de sa femme sur leur tombeau de marbre, dans la cathédrale de Tudela : — « Aqui yace el muy honorable sennior Mosen « Frances de Villaespesa, doctor, caballero et chanciller de Navarra : fino el dia XXI del mes de jenero del « annio de la natividad de nuestro Sennior Jesuchristo mil cccc et xxiii años ; rogad á Jesuchristo por el. — « Aqui yace la muy honorable duenia Doña Isabel de Ujué mujer de dicho Mosen Frances, la cual fino « en el xxiii dia del mes de noviembre del anio de la natividad de nuestro Senior Jesuchristo mil cccc et « diciocho : rogad á Jesuchristo por ella. »

pour renforcer les garnisons de Vera, Lesaca, Aranaz, Yanci et Echalar, et arrêter les incursions des Guipuzcoans qui avaient brûlé plusieurs villages de la vallée d'Araquil. Gimen d'Armendarits, gouverneur de Sanz, se rendit à Echarri-Aranaz suivi de 4 hommes d'armes et 30 fantassins. Arnauld II, seigneur de Belsunce, et Arnauton d'Olce, écuyers du roi, allèrent aussi prendre le commandement de forteresses à la frontière, et Arnaud-Loup IV, seigneur de Luxe, qui amenait de la Basse-Navarre 25 hommes d'armes et 65 fantassins, avec Bertrand, seigneur de Salha, écuyer du roi et capitaine de Sesma, eut la mission de défendre Corella ; mais, attaqué par des forces supérieures, il fut obligé de se replier sur Tudela. Les Castillans incendièrent Corella et une partie de Cadreita dont la forteresse était défendue par le capitaine Jean d'Irumberry (a). — En 1430, le roi donna au vicomte de Valderro le village de Tajonar, *con todas las rentas, homicidios, medios homicidios y la jurisdicion baja y mediana*, pour lui et ses descendants ; l'infant Don Carlos, prince de Viane, ajouta aux libéralités de son père, le château et les dîmes ordinaires du lieu de Peña en 1434, la seigneurie des montagnes des Aldudes et de Valcarlos (b) en 1439, les dîmes des laboureurs du village de Zulueta en 1442, et les dîmes et revenus du bourg de Torres, dans la vallée d'Elorz, en 1448. Le même prince de Viane lui avait confirmé, comme héritier du royaume, toutes les donations faites précédemment, par lettres datées d'Olite le 5 mai 1445. « *Ayant égard et considération* — dit l'infant — *aux grands et longs services de mosen Beltran d'Ezpeleta, vicomte de Valderro*,

(a) La liste des chevaliers bas-navarrais employés dans cette guerre se complète par le ricombre Gracian de Gramont, seigneur de Haux et d'Olhaïby, capitaine général de la mérindé d'Estella ; — Pero-Sanz, seigneur d'Armendarits, alcaïde du château de Rocafort, au pays d'Arberoue ; — Per-Arnaud, seigneur de Çaro, capitaine de l'église fortifiée d'Oïon ; — et Arnaud-Sanz, seigneur de Camou, capitaine de la juiverie de Tudela et gouverneur de Bernedo.

(b) Les habitants de Valcarlos — *en Basque Luzaïde* — ne pouvaient envoyer leurs troupeaux sur les montagnes des Aldudes et de Valcarlos sans l'assentiment du seigneur d'Ezpeleta (Archives de Pampelune, çaisse 103 n° 60).

à présent notre conseiller et chambellan de notre très-chère et bien-aimée femme, la princesse de Viane, a rendus à notre aïeul d'illustre mémoire, le roi Don Carlos, en son vivant, et depuis à nos progéniteurs et spécialement à nos dites mère et dame ; considérant aussi que par notre intervention et propre mouvement, mariage a été contracté entre Juan d'Ezpeleta, fils aîné du dit mosen Beltran, et Clara de Beaumont, sœur de nos très-chers et bien-aimés oncles le connétable et Don Juan de Beaumont, etc. » Par acte daté du palais épiscopal, à Pampelune, le 14 avril 1448, — en présence de mosen Pierre, seigneur de Peralta, grand maître d'hôtel du roi, et mosen Léonel de Garro, seigneur de Zolina, maître d'hôtel du seigneur prince, — Bertrand d'Ezpeleta fonda un majorat perpétuel avec *les fiefs et majorat* d'Ezpeleta, la vicomté de Valderro et tous les autres biens énumérés dans la confirmation de 1445. — En 1443 le seigneur d'Ezpeleta servait à la tête de 5 lances, avec une solde de 15 florins par lance et par mois. — Par son testament du 17 février 1439, la reine Blanche avait légué 200 florins au vicomte de Valderro (1). — Il laissa plusieurs enfants de son mariage, entr'autres :

1° JEAN qui suit ;

2° et MARIA D'EZPELETA qui épousa en 1440, après avoir obtenu des dispenses, Don JUAN D'URSUA, CHEVALIER, SEIGNEUR D'URSUA au pays de Baztan, son parent.

XIII. JEAN D'EZPELETA, IIᵉ DU NOM, CHEVALIER, VICOMTE DE VALDERRO, BARON D'EZPELETA, seigneur de Peña, Tajonar, Torres etc., se maria en 1445 à Doña CLARA DE BEAUMONT-NAVARRE, fille de *Don Carlos de Beaumont, chevalier, baron de Guiche et de Curton, ricombre et alférez royal de Navarre*, et de *Anne de Curton*, et sœur de *Louis de Beaumont, premier comte de Lerin, connétable de Navarre*. [Armes de Beaumont : *écartelé, aux 1 et 4*

(1) Archives de Pampelune, caisse 90 num. 28, c. 93 n. 39, c. 95 n. 77, c. 123 n. 34, et c. 161 n. 4 ; Comptes, tomes 301, 404, 428, 452, 467 et 476 ; et *catalogue de Liciniano*. — Archives de M. le baron d'Ezpeleta. — Notes et pièces justificatives F.

*de* Navarre ; *aux 2 et 3 losangé d'or et d'azur.*] — Veuf et sans enfant de Doña Clara de Beaumont, Jean d'Ezpeleta se remaria à Doña CATALINA DE NAVARRE, sa cousine, fille de *Don Felipe de Navarre, vicomte de Muruzabal, maréchal de Navarre*, et de *Doña Juana de Peralta*. [Armes de Catalina de Navarre : *écartelé, aux 1 et 4 de gueules aux chaînes d'or passées en orle, en croix et en sautoir, se rattachant au centre à une émeraude au naturel ; aux 2 et 3 d'azur semé de fleurs de lis d'or, à la barre componée d'hermine et de gueules (a),*] — Il embrassa dès lors, avec tous les siens, la cause du roi Jean II, lorsque l'infant Don Carlos, - soutenu par les Beaumontais, - revendiqua la couronne de Navarre les armes à la main. Le prince de Viane lui confisqua la vicomté de Valderro et ses autres seigneuries de Navarre, en 1454, et en fit don à Guillaume, bâtard de Beaumont, son maître d'hôtel, *en la forma que Bertran de Ezpeleta y su hijo Juan las solian tener.* — Le roi de France étant au pays de Labourd en 1462, Jean d'Ezpeleta alla lui prêter hommage pour la seigneurie d'Ezpeleta que Louis XI érigea en BARONNIE, avec justice haute, moyenne et basse, par lettres en forme de charte datées de Bayonne du mois de mai 1462, en allouant au baron une pension de 400 livres comme récompense de services rendus. — En 1465, le roi de Navarre exempta le vicomte de Valderro des quartiers, aides et impositions de guerre, jusqu'à ce qu'il fut payé des 15,000 livres que valaient les biens et meubles du vicomte existant à Monréal,

(a) Le P. Anselme, — Histoire généalogique des Grands Officiers de la Couronne, — blasonne les armes de cette branche de la Maison Royale de Navarre : *écartelé, aux 1 & 4 de Navarre; aux 2 & 3 de France ancien, à la bande componée d'hermine & de gueules, qui est d'Evreux ; & un bâton d'argent, mis en barre, brochant sur le tout.* — Vers l'an 1500, l'écusson des Navarre-Cortez avait subi quelques changements ; le vieil Armorial de Pampelune les donne : *d'argent au chevron ceintré de gueules rompu par le chef & chargé d'une chaîne d'or dans le sens du chevron, accompagné en chef de 2 lions affrontés de sable, armés & lampassés de gueules, & en pointe, de 3 fasces de gueules; au chef chargé de la 1/2 des armes de Navarre.* — Dans un autre recueil des mêmes archives, on trouve les armes de cette famille : *parti, au 1 de Navarre; au 2 d'argent à 2 lions de sable lampassés de gueules, affrontés en chef, en pointe un triangle fascé d'argent & d'azur de 6 pièces, accompagné d'une chaîne d'or mise en orle autour du triangle.*

quand le roi fit la conquête de ce bourg occupé par le prince de Viane, et s'empara des dits biens pour les donner à ceux qui l'avaient aidé dans cette entreprise. L'année suivante – 1466, – la princesse Léonor, considérant la bonne volonté avec laquelle Jean d'Ezpeleta a servi la couronne et conservé au péril de sa vie, non sans effusion de sang, le château fort édifié par le roi Jean II, à la porte Maridelgada de Pampelune, et dont il avait été nommé gouverneur avec une solde annuelle de 500 livres; considérant aussi qu'il lui est dû 2,877 livres pour cette solde, elle lui confirme pour le restant de sa vie le dit titre de gouverneur [*merino*] et lui fait don, pour lui et ses successeurs, de la maison qui reste du dit château démoli par ordre du roi, avec faculté d'y ajouter des édifices qui ne puissent lui donner l'apparence d'une forteresse. — On croit que le vicomte de Valderro fut tué par les Beaumontais en 1471, avec le maréchal Don Pedro de Navarre, marquis de Cortez, son beau-frère, qui périt de la main de Philippe de Beaumont, dans une surprise que les Agramontais tentèrent contre la ville de Pampelune (1). Il avait eu de Doña Catalina de Navarre, sa seconde femme:

1º JEAN qui suit;

2º et FRANÇOIS D'EZPELETA, homme d'armes dans la compagnie du sire d'Albret, suivant une revue passée à Castres le 27 juin 1498. Il fut ensuite un des principaux capitaines de la faction Agramontaise, et servit la cause de Jean d'Albret, roi de Navarre; mais il fit sa soumission à Charles-Quint en même temps que la plupart des chefs Agramontais, entr'autres le maréchal Don Pedro III de Navarre, Gaspard d'Ezpeleta, Victor de Mauléon et Antoine de Peralta; il obtint avec eux des lettres de pardon datées de Burgos le 29 avril 1524. En 1525 François d'Ezpeleta vivait à Catalain dans la vallée d'Orba, mérindé d'Olite (2).

XIV. JEAN D'EZPELETA, IIIᵉ DU NOM, CHEVALIER, VICOMTE DE VALDERRO,

(1) Arch. de Pampelune, Comptes tomes 467, 487 et 489, – c. 159 n. 72, c. 170 n. 21 et c. 184 n. 6. — Bibl. Nat., Msc., *Collection Dupuy*, vol. 220 fº 188. — Arch. de M. le baron d'Ezpeleta. — Yanguas, *Diccionario* etc., t. I, pag. 474 et 475. — Belsunce, - Moret, etc.

(2) Monlezun, *Histoire de Gascogne*. — Yanguas, *Adiciones* etc., pag. 148 et 301.

BARON D'EZPELETA, seigneur de Peña, Tajonar, Torres etc., figure avec Pierre de Peralta, Charles de Mauléon, seigneur de Rada, Juan d'Ezpeleta, *merino* de Sangüesa, Diego et Bernard d'Ezpeleta, Sancho de Vergara, seigneur de San Adrian, Espagnol d'Orégue, alcaïde de·Monréal, et le seigneur de Zozaya, au nombre des chevaliers Agramontais réunis à Tafalla le 4 août 1474, par l'infante Doña Léonor; ils jurèrent de faire tout le tort possible à Jean de Beaumont, chancelier de Navarre, et à Louis de Beaumont, comte de Lerin, déclarés traîtres. — En la même année, le baron d'Ezpeleta était au service du roi de France: on le voit nommé dans le rôle des nobles de l'armée de Louis XI, avec le vicomte d'Orthe, les seigneurs de Sault, de Garro etc. — Il suivit comme son père le parti des Agramontais. Le 26 mars 1476, Jean II, seigneur de Luxe, ayant reçu du sire d'Albret, lieutenant général du roi de France, l'ordre de ne plus faire la guerre au seigneur de Gramont, rallié à sa cause, et à ses sujets, alliés et adhérents, spécialement en la terre et paroisse d'Osés, la maison d'Echaux, terre et pays de Baïgorry, depuis la seigneurie de Gramont jusques par deça la montagne de Roncevaux et le lignage de Ruthye, il adressa une longue lettre au sire d'Albret pour se plaindre de la guerre que *ceux* d'Ahescoa, Agramontais, faisaient aux Luxetins. «*Il y a 16 ou 18 ans,* – dit Jean de Luxe, – *un traité de paix fut conclu entre feu François, seigneur de Gramont, et Gracian de Luxe, seigneur de Saint - Pée en Labourd, tuteur du dit seigneur de Luxe, cependant ceux d'Ahescoa rompirent la paix, et le seigneur d'Ezpeleta avec six-vingts genetiers* [cavaliers] *Aragonnais alla en Baztan et aux Cinq - Villes, et y fit de grands maux; même il y assiégea la maison d'un gentilhomme allié de Luxe. Le seigneur de Luxe en fit lever le siége et chassa le seigneur d'Ezpeleta jusqu'en Guipuzcoa.*» Un traité de paix fait à Pau le 26 août 1477, entre Roger de Gramont et Jean de Luxe, leurs adhérents et alliés, arrêta quelque temps la lutte des deux factions rivales, et le 16 janvier 1480, un grand nombre de seigneurs, la plupart Agramontais, allèrent prêter serment de fidélité à Madeleine de France, mère et tutrice de François-Phébus, au château de Bergoey, entr'autres Roger, seigneur de Gramont, Jean, baron d'Ezpeleta et vicomte de Valderro, Salvat, seigneur de Garro etc. — Le vicomte de Valderro, Bernard d'Ezpeleta, seigneur de Beyre, Christian d'Ezpeleta, seigneur de Ziligueta, *merino* de Sangüesa, assistèrent au sacre de François-Phébus, roi de Navarre, le 3 novembre 1482 à Pampelune. — Jean III d'Ezpeleta fut maintenu dans ses droits de justice et *autres* sur ses tenanciers d'*Espelette* et de *Gostoro,* par lettres patentes de Louis XI, roi de France, en date du 13 décembre 1476, et par un arrêt du parlement de Bordeaux du 30 avril 1483. Il passa un accord avec *les manants et habitants des lieux d'Espelette et de Gostoro,* le 12 mars 1507, au sujet des bois, terres, ruisseaux et pâturages de ces deux paroisses, dont ses tenanciers lui contestaient l'entière propriété. En 1507 il se présenta comme baron d'Ezpeleta à la convocation du ban et de l'arrière-ban du pays de Labourd. — La faction Agramontaise, dont Jean d'Ezpeleta était un des principaux chefs, ayant embrassé la cause de Jean d'Albret et de Catherine de Navarre, souverains légitimes de la Navarre, en 1512 il prêta serment de fidélité au roi Jean, avec Jean de Garro, vicomte de Zolina : - les deux vicomtes jurent et promettent sur le corps de N. S. J.-C. et sur les reliques *que aqui estan,* qu'ils serviront Jean d'Albret bien et loyalement, envers et contre tous ceux qui peuvent vivre et mourir sans aucune exception ; ils jurent aussi que s'il vient à leur connaissance quelque chose qui soit préjudiciable à Son Altesse, en sa personne, en son état ou en sa couronne royale, ils l'en aviseront avec la plus grande diligence. Les juges commissaires de Ferdinand le Catholique déclarèrent Jean d'Ezpeleta rebelle, en 1513, et lui confisquèrent la vicomté de Valderro et ses autres biens de Navarre.

Le 29 octobre 1515 il assista à la publication des coutumes du pays de Labourd. — Jean III, baron d'Ezpeleta, avait épousé JEANNE D'ECHAUX, damoiselle, fille de *Philippe d'Echaux, chevalier, seigneur et vicomte de Baïgorry*.
[Armes d'Echaux: *d'argent à 3 fasces d'azur*.] (1) De ce mariage naquirent :

1° LÉON qui suit ;

2° et ANNE D'EZPELETA mariée en 1522 à Noble JEAN DE GAMBOA, dit D'ALZATTE,
CHEVALIER, SEIGNEUR D'URTUBIE ET D'ALZATTE, échanson ordinaire du roi de Navarre ; d'eux sont issus les vicomtes d'Urtubie et les barons de Garro ;

XV. LÉON D'EZPELETA, ÉCUYER, VICOMTE DE VALDERRO, BARON D'EZ-
PELETA, GOSTORO ET AMOTZ, seigneur de Luzaïde, Peña, Berriozar et
autres places, fut taxé à 100 livres lors de la convocation du ban et de
l'arrière-ban du Labourd, en 1560. — Il eut un procés avec les habitants
des paroisses d'*Espelette* et de *Gostoro* qui furent condamnés, en 1566, à
60 livres parisis d'amende envers le roi, et à 30 livres envers le baron ;
néanmoins, avec le consentement de celui-ci, la cour de Bordeaux permit aux dits habitants d'user pour leur chauffage, leurs bâtiments et ré-
parations, et non autrement, des bois et forêts des dits lieux appartenant
au seigneur d'Ezpeleta, sans pouvoir vendre ni aliéner aucun arbre. La
cour permit aussi aux habitants des baronnies, avec le consentement du
seigneur, de faire paître leur bétail dans les bois et forêts d'Ezpeleta,
sans fraude ; *et pour le regard des injures,........ faict la dicte cour inhibitions &*
*défenses aus dictz manans & habitans des dictz lieulx, à peyne de 1,000 escus et*
*aultres plus grandes peynes que de droict & rayson, de, d'ors en avant, user*
*contre le dict d'Espelete de teles ou semblables paroles que les contenues en la dicte*
*requeste......, et leur enjoinct de porter de faict et de parole honeur et révérance au*

---

(1) Yanguas, *Diccionario* etc., t. I, pag. 476. — Arch. de Pampelune, c. 162, n° 55. — Archives des
Basses-Pyrénées, *série E, 554*. — *Collection Duchesne*, vol. 114, f° 225. — Arch. de Bordeaux, *série B*,
arrêts du parlement. — Coutumes du pays de Labourd. — Arch. de M. le baron d'Ezpeleta. — Moret,
— Belsunce, - Favyn, etc.

*dict d'Efpelete, tous tels que bons & loyaulx tenanciers le doibvent à leur feigneur*.
L'arrêt de la cour décide aussi qu'à l'avenir les juges du baron d'Ezpeleta ne seront plus appelés *alcaldes*, mais seulement *juges ordinaires* ou *juges prévoltez*, comme dans les autres baronnies du royaume, et condamne
les dits habitants à tous les dépens. (Arrêt du parlement de Bordeaux,
du 25 juin 1566.) — Le 4 juillet 1567 Léon d'Ezpeleta dicta son testament à Juan-Peritz de Chegoin, notaire au bailliage de Labourd; il avait
épousé Doña ANTONIA DE GONGORA (1). [Armes de Gongora : *d'argent à
la croix de gueules chargée de 5 lions d'or*.] - Les enfants nés de ce mariage
furent, entr'autres ;

1º  FRANÇOIS qui suit ;

2º  BELEN dont la postérité est rapportée après celle de son frère aîné ;

3º  et AYUDA D'EZPELETA qui est rappelée dans le testament de Pierre, baron d'Ezpeleta et vicomte de Valderro, son neveu ;

XVI. FRANÇOIS D'EZPELETA, ÉCUYER, VICOMTE DE VALDERRO, BARON
D'EZPELETA, DE GOSTORO ET D'AMOTZ, seigneur de Luzaïde, Berriozar,
etc., obtint la restitution de la vicomté de Valderro dont il fit hommage
en 1568, entre les mains de Martin de Vertiz, commissaire du vice-roi
de Navarre ; le patrimoine royal demanda inutilement que cette vicomté
et les autres biens que François d'Ezpeleta tenait en Navarre fissent retour à la couronne, parce que le vicomte n'était pas venu en personne
prêter l'hommage au commissaire. François d'Ezpeleta assista aux cortès
de Navarre de 1580 à 1593. - Deux arrêts du parlement de Bordeaux,
des 7 et 12 juillet 1582, le maintinrent dans tous ses droits sur les paroisses d'Ezpeleta et de Gostoro, et ordonnèrent aux habitants de lui
donner dans tous actes, la qualité de baron d'Ezpeleta, de Gostoro et

(1) Archives de Bordeaux, *férie B*, arrêts du parlement. — Yanguas, *Diccionario* etc., t. 1, p. 476. —
Monlezun, *Hiftoire de Gafcogne*. — Arch. de M. le baron d'Ezpeleta.

d'Amotz. — Il avait épousé, vers l'an 1558, ENGRACIA DE LUXE, damoiselle, fille de *haut et puissant seigneur Jean IV, seigneur et baron de Luxe, Ostabat, Lantabat, Fourqueveaux, Sainte-Livrade, Tardets, Alos, Ahaxe et autres places*, et de *noble et puissante dame Isabeau de Gramont*. [Armes de Luxe : *de gueules à 3 chevrons d'or*.] Jean de Luxe qui testa au château de Tardets le 13 février 1556, fit un legs de 5,500 livres à damoiselle Engrâcia, sa fille aînée, *pour l'aider à se marier*, et Isabeau de Gramont, dans son testament daté du même château le 18 août 1579, déclara qu'elle avait marié ses trois filles à Ezpeleta, Belzunce et Saint-Julien (1). — François d'Ezpeleta laissa de ce mariage :

1º PIERRE qui suit ;

2º NICOLAS D'EZPELETA, prêtre, abbé de Berriozar, qui fut l'un des exécuteurs testamentaires ne son frère aîné ;

3º et FRANÇOIS D'EZPELETA, chevalier de l'ordre de Saint-Jean de Jérusalem ;

XVII. PIERRE D'EZPELETA, CHEVALIER, VICOMTE DE VALDERRO, BARON D'EZPELETA, DE GOSTORO ET D'AMOTZ, seigneur de Peña, Berriozar et autres lieux, fut mis en possession de la baronnie d'Ezpeleta du vivant de son père. — Par acte daté du château d'Ezpeleta le 25 mars 1595, *Francès, baron du dit lieu et vicomte de Valderro, désirant pourvoir Pierre, son fils aîné, d'honnêtes moyens selon sa qualité, et considérant qu'il possède plusieurs beaux biens avitins et papoaux tant au royaume de France qu'en celui de Navarre et en d'autres lieux, lesquels sont destinés à l'aîné tant par la coutume de Labourd que par les lois et statuts établis dans la famille d'Ezpeleta, fait donation au dit Pierre, son fils, de la moitié de tous ses biens, et en déduction de cette moitié, de la baronnie d'Ezpeleta, ses appartenances et dépendances, se réservant de pourvoir Francès, son fils puîné. En cas qu'il y ait guerre entre le roi de France et le roi*

(1) Yanguas, *Diccionario* etc., t. I, pag. 476. — *Collection Duchesne*, vol. 106, fº 123. — *Collect. Dupuy*, vol. 220, fº 188. — Archives de M. le baron d'Ezpeleta.

*d'Espagne, et qu'à raison de cela le dit seigneur d'Ezpeleta soit contraint d'aban-* *donner la vicomté de Valderro et ses autres biens et seigneuries d'Espagne, il se* *réserve le droit de se retirer au château d'Ezpeleta et de jouir du quart des dits* *biens et rentes de cette baronnie, mais pendant la guerre seulement. Il émancipe son* *fils aîné.* — Pierre se maria par contrat passé au château de Castelnau le 28 mai 1595 avec MARIE DE LA MOTHE DE CASTELNAU, damoiselle, fille de *feu messire François de La Mothe, chevalier, baron de Castelnau-de-Mesmes, de Lerm et de Noailhan, premier baron du Bazadais, gentilhomme ordinaire de la chambre du roi, et de noble dame Marie de Balaguier de Monsallé, et sœur de haut et puissant seigneur messire François de La Mothe, chevalier, baron de Castelnau, Lerm et Noailhan, premier baron du Bazadais, gentilhomme ordinaire de la chambre du roi et capitaine de 50 hommes de ses ordonnances, et plus tard, chevalier de l'ordre du roi, maréchal de camp de ses armées et gouverneur de Marmande.* [Armes de La Mothe : *écartelé, aux 1 et 4 d'argent à l'aigle éployé de sable ; aux 2 et 3 d'or à 3 fasces de gueules.*] François d'Ezpeleta et En-grâcia de Luxe ratifièrent le mariage de leur fils, par acte passé au château noble d'Ezpeleta le 13 juin 1595. — Pierre d'Ezpeleta rendit une sentence arbitrale le 10 avril 1601, avec noble François d'Urtubie, seigneur d'Armendarits. — Le testament de Pierre est daté de Berriozar le 11 novembre 1622. Il veut que son corps soit enseveli dans l'église paroissiale de Berriozar dont il est patron, et qu'on fasse messes, funérailles, neuvaines, honneurs, comme il est d'usage pour les personnes de sa qualité, et qu'on ceigne les églises de ses baronnies, dedans et dehors, des armoiries de sa maison, en la manière accoutumée au royaume de France pour les personnes de sa qualité. Etant prisonnier de guerre, un chevalier sien ami, gouverneur de Holon (*Holland, en Prusse?*) lui prêta 250 écus pour payer les frais de son auberge et de ceux qui le gardaient, laquelle somme personne ne lui a réclamée, parce que le dit gouverneur et sa femme sont décédés ; il veut que cette somme soit payée à leurs héritiers, et s'il ne s'en trouve pas qu'elle soit employée en prières et suffrages pour l'âme du dit gouverneur. Indépendamment des biens spécifiés dans ses majorats, il possède beaucoup d'autres terres, comme le palais chef d'armes d'Urniza avec ses contours et environs et le patronat de son église, le lieu et territoire d'Oyayde, les lieux d'Oraza et Orazagui avec leurs territoires et environs, situés dans la vallée d'Erro, les rentes de 112 *robos* de blé du lieu d'Elcano et autres. Il ordonne de payer 50 écus aux héritiers d'une pauvre femme nommée Marinel Delguia, en sa baronnie de Gostoro, pour ce qu'il lui est à charge. Il déclare que Don Francès d'Ezpeleta, son père, prit à intérêt, du licencié Ludena du conseil de S. M., ou des ancêtres de Don Carlos Velaz, une somme de 500 ducats pour les frais de la reception dans l'ordre de Saint-Jean, de Don Francès d'Ezpeleta, son frère, chevalier du dit ordre. Il doit aussi à Don Juan d'Ezpeleta, en principal et intérêts, certaines sommes pour les droits de *ses pères,* – c'est-à-dire *père et aïeul,* – à cause de leur dot et légitime. Il doit à Laurent Ros, habitant d'Isaba, une somme de 1,100 ducats qui lui fut prise à rente pour la dot et légitime de Doña Ayuda d'Ezpeleta, sœur de son père. Il dit que ses fils sont au service de S. M., dans ses états de Milan. Il doit 100 ducats à Doña Mariana Ruiz de Vergara, dame de Gongora. Pierre d'Ezpeleta parle de ses tenanciers de Torres, Zulueta et Tajonar, et déclare que les héritiers de Dⁿ Juan de Luaraen, grand maître de la Monnaie du royaume de Navarre, tiennent en engagement une sienne aiguière d'argent pour 62 ducats, et aussi Antoine Pesanao, français, une coupe d'argent doré pour 22 ducats, et Miguel d'Elizondo, notaire, un poivrier ou sucrier d'argent *surdoré* et une salière d'argent doré pour 14 ducats ; il ordonne de retirer ces gages en payant les sommes dues. Les habitants d'Ezpeleta, ses sujets, ont été condamnés à lui payer 2,000 livres de dépens, et

les nommés Perruque, Sansot et consorts, *in solidum*, à la peine de mort
ainsi qu'il appert des papiers et instruments qui sont aux mains de son
juge d'Ezpeleta. Il fait grâce aux condamnés à mort, et ne veut pas que
la sentence s'exécute, afin que Dieu lui pardonne ses péchés ; – *c'est ma
volonté*, ajoute-t-il. Lorsque, par succession de ses ancêtres, le testateur
entra en jouissance des majorats ou droits d'aînesse qu'il possède, la
moitié des moulins d'Ezpeleta était engagée aux habitants de la baronnie
pour 2,000 écus d'or ; il dégagea cette moitié des moulins, et paya de
plus à ses dits vassaux 1,000 écus d'or avec les intérêts. Il refit de pierres
les prises d'un moulin ; il dépensa pour cela 800 écus d'or, 1,400 écus
d'or et davantage pour un fruitier de 1,400 pieds d'arbres à Itsassou, et
plus de 20,000 écus d'or en procès pour le soutien de sa juridiction d'Ezpeleta. Il laisse pour légitime institution d'héritage, selon les lois, coutumes et droit commun, à Bertrand d'Ezpeleta, son fils aîné, à Nicolas,
Graciosa, Barbe et Laurence, ses fils et filles légitimes nés de son mariage
avec Marie de La Mothe, à toutes autres personnes et aux enfants natu-
rels qui pourraient prétendre à son héritage, à chacun : pour part aux
meubles 5 sols de monnaie courante, et aux immeubles, une *robada* dans
une des pièces de *pantraer* qu'il a au territoire de Berriozar, moyennant
quoi il les dépouille etc. Il institue sa femme héritière universelle des
promesses, or, argent, tapisseries et meubles de maison, pour en faire à
sa volonté, et veut qu'elle ait l'usufruit et la jouissance de ses majorats.
Il lègue à Nicolas, son fils puîné, 2,000 ducats d'or et le lieu et territoire
d'Oyayde ; à Graciosa, sa fille aînée, veuve de Don Melchior Enriquez de
Lacarre et Navarre, seigneur d'Ablitas, 4,000 ducats d'or assignés sur le
majorat et la baronnie d'Ezpeleta, et la rente de 112 *robos* de blé à Elcano ; à Barbe, sa 2e fille, 3,000 ducats d'or, pour sa dot, assignés sur la
baronnie d'Ezpeleta, et le *palacio de cabo de armeria* d'Urniza, avec son

lieu et territoire, et le patronat de son église ; à Laurence, sa 3e fille, en supplément de dot, 3,000 ducats d'or, et les lieux et territoires d'Oraza et Orazagui. Si ses filles prennent l'état de mariage, il entend qu'elles épousent des personnes de leur qualité, du consentement de leur mère et des proches parents. Il institue Bertrand d'Ezpeleta, son fils aîné, héritier universel de ses majorats, baronnies et vicomté, et le prie et charge de servir, honorer et respecter, comme est de raison, la dite Marie de La Mothe, sa mère, et d'en avoir grand soin ainsi que de ses frère et sœurs, comme encore d'avoir soin de son honneur, avancement et utilité. Il lui ordonne très-affectueusement de ne jamais aliéner, comme lui-même et ses ancêtres l'avaient fait, aucune portion des moulins d'Ezpeleta, afin que ce ne soit pas une occasion de procès et de débats avec les habitants. Il désigne pour exécuteurs testamentaires l'illustrissime seigneur Don Antonio de Gramont, comte et seigneur de Gramont, Marie de La Mothe, baronne d'Ezpeleta, et Don Nicolas d'Ezpeleta, abbé de Berriozar; il leur adjoint Don Felipe de Navarre et de La Cueva, chevalier de l'ordre de Santiago. Cet acte fut reçu par Miguel de Recax, notaire, en présence du Frère Joseph de Larrea, religieux de l'ordre de Saint-Dominique de la cité de Pampelune, et de Bernard de Zuniga et Domingo de Urun, serviteurs du baron d'Ezpeleta. — Marie de La Mothe fait son testament dans sa maison de Bordeaux, le 1er novembre 1637; elle veut être ensevelie dans le couvent des Carmes de Bordeaux, en la chapelle de Notre-Dame du Scapulaire. Il lui reste quatre enfants de son mariage: Bertrand, Nicolas, Barbe et Laurence. « *Bertrand, quy est l'aisné de mes enfans,* – dit-elle – *m'a despouillé de tout mon bien, constrainct de venir à Bourdeaux pour demander justice contre luy & autres partyes qu'il m'a suscité, viollé les transactions qu'il avoit faictes avec moy par l'entremise de Monsieur le Compte de Gramont, & quoiqu'il pocedde de grandz biens dans la haute Navarre, ne m'a jamais rendeu aucune aciftance, ains laiffée, au prejudice de fon debvoir & de ma condition, chargée d'enfans dans des grandes incommodités. Et d'ailleurs il a porté les armes contre le fervice du Roy pour l'Efpaignol. C'eft pourquoy je l'exhérède, & veux qu'il ne puiffe rien prétendre en mes biens.»* Elle lègue 500 livres tournois à Nicolas, son 2ᵉ fils, à Laurence, sa fille, femme du sieur de Lys, 200 livres tournois, et institue héritière universelle Barbe d'Ezpeleta, *«ma très-chère fille quy m'a fuivye & toufjours fervye en mes néçeffités.»* — Le 26 novembre 1637, Barbe fit procéder à l'inventaire des biens de sa mère, décédée (1). — Les enfants nés du mariage de Pierre d'Ezpeleta avec Marie de La Mothe furent :

1º BERTRAND qui suit;

2º NICOLAS D'EZPELETA, SEIGNEUR ET BARON D'EZPELETA, DE GOSTORO ET D'AMOTZ, conjointement avec sa sœur Barbe, qu'il institua son héritière universlle par testament du 12 décembre 1662 ; il pria sa sœur d'avoir soin de secourir Dominge, sa servante, à qui il légua 300 livres, et de lui fournir à vivre pendant sa vie. Il lui recommanda aussi de récompenser à sa discrétion François Dassance et ses autres domestiques. Il déclara vouloir être enseveli en l'église d'Ezpeleta, dans la sépulture de la maison seigneuriale, avec des honneurs funèbres de bonne et louable coutume, selon sa condition, et désigna pour exécuteurs testamentaires Messieurs Maîtres Pierre d'Etchegoyen, sieur de la maison noble de Sorhouette, et Pierre de Hayet, sieur de la maison noble de Hirigoyen, avocats en parlement. Nicolas d'Ezpeleta mourut sans avoir été marié (2) ;

3º BARBE D'EZPELETA, BARONNE D'EZPELETA, DE GOSTORO, D'AMOTZ ET DE NOAILHAN. Au mois de mai 1639, elle forma opposition, devant le parlement de Bordeaux, à la confiscation de la baronnie d'Ezpeleta faite au préjudice de Bertrand, son frère, par lettres royales du mois de juin 1637 ; cette confiscation avait été prononcée sur la demande des vassaux de la baronnie, parce que Bertrand d'Ezpeleta portait les armes contre la France, dans l'armée du roi d'Espagne. — Le 12 décembre 1638,

(1) Yanguas, *Diccionario* etc., tome I, page 476. — Archives de M. le baron d'Ezpeleta : tous les actes cités dans ce paragraphe, sont en expéditions originales sur parchemin ou sur papier. (*Papiers de famille, Regiftre I*, contrats de mariage, testaments, etc.)

(2) Archives de M. le baron d'Ezpeleta ; — l'expédition originale, sur papier, est signée : *D'Uhalde, Notaire Royal.*

Barbe engagea, contre l'abbé (a) et les jurats d'Ezpeleta, un procès qui durait en‑
core en 1660. Le parlement de Bordeaux déclara la terre et baronnie d'Ezpeleta
sujette aux hypothèques de Barbe, par arrêt du 30 mai 1639. Un autre arrêt du
22 mars 1660, dit la confiscation *obretiſſement & ſubretiſſement obtenue, caſſe l'exécution
& deſmolition du chaſteau, aveq deſpans, dommages & intèreſts*, et ordonne que *laſite
damoiſelle d'Eſpelete ſera eſtablie dans la jouiſſance de la dîte terre*. Les habitants d'Ez‑
peleta avaient été condamnés à payer à Barbe 25,000 livres, dont 24,000 *pour rai‑
ſon de la deſmolition du chaſteau d'Eſpelete* (b), et ce ne fut pas sans difficultés qu'ils
s'exécutèrent : *meſſire Nicolas d'Eſpelete, ſeigneur baron d'Eſpelete, Goſtoro & Amots,
tant pour luy que pour demoiſelle Barbe d'Eſpelete, ſa ſœur, dame deſd. lieux*, fut obligé
de faire intervenir le duc d'Épernon, gouverneur de la province de Guienne, qui
ordonna aux syndic, abbés et jurats du bailliage de Labourd de prêter main‑forte
pour l'exécution des décrets de prise de corps; Nicolas leur fit signifier l'ordon‑
nance par Mᵉ d'Ithurbide, notaire royal, le 17 novembre 1660. Le 11 décembre
1670, Barbe déclare que les habitants d'Ezpeleta lui ont payé les 24,000 livres, ou
peu s'en faut. — Barbe dut aussi plaider contre son frère Nicolas qui s'était empa‑
ré des baronnies d'Ezpeleta, de Gostoro et d'Amotz; obligée de se rendre au pays
Basque, pour défendre ses intérêts, elle signa l'acte assez curieux que voici : « Le 24ᵉ
ſeptembre 1641, a eſté préſente damoiſelle Barbe d'Eſpelette, dame de la maiſon
noble d'Eſpelette, habitant dud. Boudeaulx, parrᵉ Sainɕt Euloye. ‑ Laquelle a diɕt
que la feue dame d'Eſpelette, ſa mère, eſt deſcédée en ceſte ville, à la pourſuitte
de ſes droits, a laiſſé lad. damoiſelle ſa fille hérittière, chargée d'affaires & procès,
& ſans aucune aſſiſtance, ſon propre frère s'eſtant emparé de ſes biens. Et d'aultant
que pour l'exécution des arreſts intervenus, elle eſt obligée d'aller ſur les lieux, &
qu'elle craint d'eſtre viollentée & obligée de faire quelques aɕtes quy luy pourroient
eſtre préjudiſciables, elle déclare qu'elle n'y porte aucun conſentement, proteſte de
la nullité de tout ce qu'elle pourroit faire, tant par ſon frère que autres perſonnes

(a) Officier municipal laïque ; on voit, par les délibérations du conseil de la ville de Bayonne, que Fran‑
çois, baron d'Ezpeleta, occupa cette charge entre 1580 & 1586 : « *Il sera fait des poursuites contre le baron
d'Espelette, abbé de cette paroisse, qui a empêché les Bayonnais d'aller les premiers à l'offrande des messes nouvelles
du pays de Labourd, comme c'était leur droit en qualité de bourgeois d'une ville capitale et épiscopale.* (Archives de
Bayonne, *BB 11*.)
(b) Ce château avait encore, au moment où il fut rasé, une grande importance comme forteresse. On
lit dans le registre des délibérations du conseil de la ville de Bayonne, de 1586 à 1590 : *Il sera écrit au Roi
sur la nécessité de mettre garnison dans les châteaux de Guiche et d'Espelette.* (Archives de Bayonne, *BB 12*.) —
Dans un procès sur la succession de Barbe, entre Charles de Castaignolès, vicomte de Macaye, et Julianne
Enriquez de Lacarre, celle‑ci se plaint que *le dit sieur de Macaye a tiré de la maison un canon ou autre pièce
ancienne du chasteau d'Espelete*. (Arch. de M. le baron d'Ezpeleta, *Reg. I, 1692*.)

puiffantes, fi elle ne le ratifie eftant en cefte ville, de quoy elle m'a requis acte que luy ay octroyé. Faict audict Bourdeaulx &c.» Une transaction survint entre le frère et la sœur, le 14 janvier 1642; mais le procès avait recommencé avant le 30 juillet 1643. En 1659 ils jouissaient des baronnies en commun, et on a vu que Nicolas testa ensuite en faveur de sa sœur. — Par testament du 19 août 1680, Guyonne de La Mothe, marquise de Castelnau, légua le château et les 2/3 de la baronnie de Noailhan à Barbe d'Ezpeleta, sa cousine germaine (a), qui, au moment de partir pour le Bordelais, déposa tous les titres et papiers de sa maison entre les mains de la Révérende Mère Marie-Angélique de Grandlieu, supérieure du couvent de la Visitation de Bayonne, le 9 novembre 1680. Le 11 mars 1681, Jean d'Ezpeleta, écuyer, fondé de pouvoir de Barbe, sa parente, prit possession du château de No-ailhan et des 2/3 de la baronnie, comprenant les paroisses de Noailhan et de Léo-geast, avec droit de directé, justice haute, moyenne et basse, lods, cens, rentes, dîmes inféodées, moulins, tuilerie et autres choses en dépendant. Le 11 décembre suivant, Barbe obtient du parlement de Bordeaux, comme baronne haute-justicière de Noailhan, un arrêt faisant défense à toutes sortes de personnes, de quelle qualité qu'elles soient, de chasser dans l'étendue de la dite terre. — De nouveaux procès avaient surgi entre la baronne et ses tenanciers d'Ezpeleta: Barbe demanda à la cour d'informer des excès et violences commis par eux à son égard; elle se plaignit que l'abbé et les jurats exerçaient la police eux-mêmes, sans le ministère de ses officiers,

(a) *Succession de la baronnie de Noailhan :*

François de La Mothe, 1er du nom, baron de. Castelnau - de - Mesmes, de Lerm et de Noailhan, épousa, par contrat du 25 mars 1560, Marie de Balaguier de Monsallé, dont il laissa :

| 1. François II de La Mothe, baron de Castelnau et de Noailhan, marié le 12 novembre 1620, avec Marie-Madeleine Jaubert de Barrault. Il testa le 4 septembre 1625, et laissa : | 2. Joseph de La Mothe, baron de Lerm, qui laissa d'une alliance inconnue : | 3. Marie de La Mothe de Castelnau, femme de Pierre, baron d'Ezpeleta, vicomte de Valderro, dont entr'autres enfants : | 4. Quiterie de La Mothe de Castelnau, mariée avec Bernard de Piis, écuyer, d'où : |
|---|---|---|---|
| Guyonne de La Mothe, marquise de Castelnau et de Noailhan. | Bernard, baron de Lerm. | Barbe, baronne d'Ezpeleta et de Noailhan. | Géraud, seigneur de Piis, écuyer. |

Guyonne de La Mothe avait été mariée cinq fois : 1º à Jean de Gourdon, marquis de Vaillac ; 2º au seigneur de Villefranche ; 3º à Jean-Pierre-Gaston de Foix, marquis de Rabat, sénéchal de Nébouzan ; 4º à Géraud du Burg, chevalier, président à mortier au parlement de Bordeaux ; 5º et à Jean d'Espagnet, chevalier, président à mortier au même parlement. Elle mourut sans postérité, et sa succession fut parta-gée, le 15 avril 1686, entre son mari, Barbe d'Ezpeleta, sa plus proche parente, et Gaston du Bouzet, marquis de Poudenas.

Quant à Bernard de La Mothe, baron de Lerm, Lespinasse et autres places, il ne laissa qu'une fille : Anne de La Mothe, marquise de Théobon, captale de Peychagut, qui disputa la baronnie de Noailhan à Barbe d'Ezpeleta. Ses prétentions furent repoussées par le parlement de Bordeaux, le 23 juin 1682 ; elle était alors veuve de Jean de Rochefort, marquis de Théobon, lieutenant général des armées du roi.

et que les habitants continuaient à faire moudre leurs grains dans un moulin qu'ils avaient édifié, bien qu'elle leur eut signifié par actes des 15 septembre 1675, 22 septembre 1676 et 7 juin 1680, que les moulins de la baronnie avaient été rebâtis par elle. Le 12 juillet 1683, le parlement condamna les abbé, jurats et habitants d'Ezpeleta à payer à la baronne, pour la non-jouissance des *moulandes*, 1,000 livres par an à partir du 15 septembre 1675, date du premier acte de dénonciation, ainsi qu'aux dépens. — Barbe d'Ezpeleta fit son testament au château de Noailhan, le 27 août 1689, et le scella de 20 cachets à ses armes: *parti, au 1 un lion rampant, au 2 tiercé en fasce, au 1 les chaînes de Navarre, au 2 deux lions couronnés et rampants, l'un derrière l'autre, au 3 trois fasces; couronne de comte (a)*. Si elle meurt au pays Bordelais, elle veut être enterrée dans l'église des Carmes de Bordeaux, et si elle meurt au pays de Labourd, dans l'église de Saint-Etienne d'Ezpeleta et dans les tombeaux ordinaires des seigneurs d'Ezpeleta. Elle lègue 300 livres aux religieux carmes de Bordeaux, à charge de dire une messe haute le jour de sa mort et à pareil jour de chaque année, perpétuellement et à jamais, et en outre, six messes basses consécutivement, une par semaine, à compter du jour de son enterrement. « *Je lègue au curé d'Espelette & à ses successeurs qui seront curés à l'advenir,* - ajoute la baronne, - *la somme de 3,000 livres, une fois païée, à prendre sur ce que la communauté & habitans d'Espelette me doivent; laquelle somme je veux estre emploïée en fonds, pour estre le revenu d'iceluy & intérêts de lad. somme, à raison du denier vingt, converty à faire dire une messe haute avec dix prestres assistans chaque mois de l'année, lesquels dix prestres seront tenus aussy de dire chascun la leur en particulier, à pareil jour du mois que je viendray à mourir, le tout pour le soulagement de mon âme, de mes ancestres & successeurs; voulant que les prestres qui célèbreront lad. messe avec lesd. prestres [curés d'Espelette], viennent tous ensemble, après la messe, faire les prières ordinaires de l'église sur mon tombeau.* » Elle fait divers legs aux demoiselles de Castaignolès-Macaye, à Jean-Pierre-Gaston de Piis, à demoiselle Catherine d'Olce, qui a été à son service, à Anne de La Mothe, marquise de Théobon, à Marguerite et Bertrande de Piis, à François de Montesquieu de Sainte-Colombe, seigneur de Lavergne, écuyer, à Catherine de Montesquieu etc.; elle lègue sa terre et baronnie de Noailhan, par portions égales, à noble Gabriel de Piis de Puybarban, écuyer, frère de feu François de Piis, écuyer, seigneur de Puybarban de Bassagne, coseigneur de La Mothe, et à messire François de Piis de Varennes, seigneur de Faugas et de Vidaillac. Barbe institue héritières universelles Eufénia et Fondiana de Navarre et d'Ezpeleta, de-

---

(a) Notes et pièces justificatives G.

moiselles, ses petites - nièces, qu'elle désire à ces fins être naturalisées françaises, comme étant habituées et domiciliées dans le royaume de Navarre ; et, à cet effet, elle donne et lègue à celui de ses proches ou autre qui les fera naturaliser et leur procurera des lettres de naturalisation, la somme de 3,000 livres, ou au seigneur çomte d'Ablitas, leur frère, qu'elle institue le premier son héritier universel, en cas qu'il veuille se faire naturaliser français. Si le comte d'Ablitas ni ses sœurs ne veulent ou ne peuvent obtenir des lettres de naturalisation, elle institue son héritier universel son parent le plus proche de la famille et lignée d'Ezpeleta. Elle nomme exécuteurs testamentaires le vicomte d'Urtubie, le vicomte de Macaye, Gabriel de Piis de Puybarban, et François de Piis de Varennes. — Barbe d'Ezpeleta mourut au château de Noailhan le 28 août 1689, âgée de 90 ans environ, et son corps fut inhumé dans le couvent des carmes de Bordeaux. — L'inventaire des papiers de la maison d'Ezpeleta laissés au couvent de la Visitation de Bayonne, fut dressé le 8 août 1690 : les titres inventoriés établissaient la filiation des seigneurs d'Ezpeleta à partir de l'an 1266 ; parmi les papiers le notaire trouva *une grande crémaillère de fer qu'on requiert estre inventoriée comme estant une pièce quy désigne une action héroïque faite par un baron d'Espelette, comme il se justifie dans les titres inventoriés* (1).

4° GRACIOSA D'EZPELETA mariée à Don MELCHIOR ENRIQUEZ DE LACARRE - NAVARRE, SEIGNEUR D'ABLITAS, dont elle n'eut pas d'enfant ;

5° et LAURENCE D'EZPELETA femme du sieur DE LYS, morte sans postérité ;

XVIII. BERTRAND D'EZPELETA, IIᵉ DU NOM, CHEVALIER, VICOMTE DE VALDERRO, BARON D'EZPELETA, DE GOSTORO ET D'AMOTZ, seigneur de Peña, Berriozar et autres places, mestre-de-camp au service du roi d'Espagne et député du royaume de Navarre, assista aux Cortès de Navarre de 1624 à 1628. — Un arrêt du parlement de Bordeaux du 14 mai 1625, le maintint dans tous ses droits sur les terres vacantes de la baronnie d'Ezpeleta, les moulins et la place du seigneur à l'église, et reconnut son droit exclusif de chasse dans la baronnie, *sauf le cas que les ours, loups et autres*

(1) Un extrait de cet inventaire a été communiqué par M. le capitaine Duvoisin qui l'avait relevé, à la mairie d'Espelette, sur l'expédition originale perdue depuis. — Les autres documents cités dans la biographie de Barbe d'Ezpeleta, sont aux archives de M. le baron d'Ezpeleta, en expéditions la plupart originales sur parchemin, ainsi que l'original et deux expéditions - dont l'une sur parchemin - du testament de Barbe. — Léo Drouyn, *La Guienne militaire*, in-4°, t. II, p. p. 285 et 291.

*befles farouches fiffent aucun notable dommage en icelle.....* La cour *fait inhibitions et défences à toutes perfonnes, mefme auxd. abbé & jurats, et marguilliers de lad. églife, de précéder en l'offrande les dames, mère et femme, enfans et filles, ny les juge & procureur d'office dud. fieur* [Bertrand d'Efpellete, S^r & Baron dud. lieu & autres places], *comme auffy les femmes defd. juge et procureur d'office, précèderont, en allant à lad. offrande, les femmes de tous lefd. abbé et jurats, et autres habitans.... Enjoint au curé de lad. paroiffe, lorfqu'il fera le profne et prière publique, d'obferver & garder la forme prefcripte par le réglement du diocèfe, et exhorter lefd. habitans de prier Dieu pour led. fieur d'Efpellete et fa famille.* — Bertrand se maria à Pampelune, par contrat du 20 août 1625, avec Doña Maria de Gongora, contre la volonté de Marie de La Mothe, sa mère, qui signa un acte de protestation le 20 novembre 1626. [Armes de Gongora : *blasonnées à la page 58.*] — Comme vicomte de Valderro, Bertrand d'Ezpeleta était sujet navarrais du roi d'Espagne, et lorsque la guerre éclata entre la France et l'Espagne, il avait le grade de mestre - de - camp et commandait un régiment dans l'armée de Philippe iv. En 1638 il vint à la tête des troupes du royaume de Navarre, au secours de la ville de Fontarabie assiégée par les Français ; le vicomte de Valderro avait sous ses ordres le colonel Don Gaspard Enriquez de Lacarre, seigneur d'Ablitas, son futur gendre, et le capitaine Don Francisco de Garro et Xavier. Nous empruntons à un auteur espagnol (1) le récit d'un épisode du siège de Fontarabie : « D^n Diégo Eguia et D^n Gabriel de Varoyz, qui en d'autres temps avaient servi comme capitaines, prirent position à la gauche des piquiers. Quant au premier poste, à la droite de la colonne, considéré le plus honorable, une noble émulation le fit disputer avec énergie par deux chevaliers aussi grands par leurs pensées que par le pouvoir

(1) A. B. de O'Reilly, *Bizarria Guipuzcoana y sitio de Fuenterrabia*, San Sebastian, 1872, in-12, p. 263.

qu'ils avaient de les mettre à exécution : Dⁿ Beltran de Ezpeleta, vicomte de Valderro, député du royaume de Navarre, et Dⁿ Miguel de Iturbide, chevalier de l'ordre de Santiago. Le premier allégua qu'il avait servi comme mestre-de-camp, et le second qu'il avait eu le grade de colonel de cavalerie. Le commandant en chef Torrecusa ne voulant pas trancher le différend, haussa les épaules, et Ezpeleta céda pour le bien commun ; il protesta qu'il ne le faisait que pour éviter une dissension dont profiterait l'ennemi, et se plaça le second en ajoutant que le poste le plus honorable, en campagne, était celui que chacun défendait avec le plus de courage. » — Comme on l'a vu, Bertrand d'Ezpeleta fut déclaré rebelle par le roi de France, et perdit ses baronnies du pays de Labourd (1). Il laissa de son mariage :

XIX. GÉRONIME D'EZPELETA, VICOMTESSE DE VALDERRO, dame de Peña, Berriozar etc., mariée à Don GASPARD ENRIQUEZ DE LACARRE-NAVARRE ET ALAVA, créé COMTE D'ABLITAS en 1652. [Armes de Lacarre-Ablitas : *écartelé, aux 1 et 4 de* Navarre ; *aux 2 et 3 d'argent au lion d'azur, armé, lampassé et vilené de gueules,* qui est de Lacarre ancien.] — En 1645 le seigneur d'Ablitas déclare aux Cortès de Navarre que par la mort de Beltran de Ezpeleta, vicomte de Valderro, Géronime, sa femme, fille unique du dit Beltran, a hérité de tous les biens et majorats de son père (2).

❧❧❧

(1) Archives de Pampelune, *Registres des Cortès*. — Archives de Bayonne, *FF 421-1*. — Arch. de M. le baron d'Ezpeleta. — Yanguas, *Diccionario de antigüedades del reino de Navarra*, tome I, page 476.

(2) Archives de M. le baron d'Ezpeleta. — Archives de Pampelune, *Registres des Cortès*. — Yanguas, *Diccionario* etc., tome I, page 476, tome II, pages 165 et 166, et tome III, page 371. — Salazar, *Historia de la Casa de Lara*, in-f°, tome II, page 436. — Voir à l'*Appendice* la succession de la vicomté de Valderro.

## III

N voit par une transaction passée le 13 avril 1690, entre Antoine-Charles, duc de Gramont, pair de France, souverain de Bidache etc., et Don Pedro Enriquez de Lacarre-Navarre et Ezpeleta, comte d'Ablitas, que Doña Juliana Enriquez de Lacarre, 4ᵉ sœur du dit comte, était alors en instance auprès du roi de France pour obtenir des lettres de naturalisation, afin de se présenter comme héritière testamentaire de la baronnie d'Ezpeleta dont Louis xiv, par droit d'aubaine, avait fait donation au duc de Gramont. Par cet acte, Antoine-Charles de Gramont promet de donner son appui à Doña Juliana de Lacarre, et de lui faire concéder des lettres de naturalisation, *en vue de la proximité qui est entre la maison de Gramont et celle d'Ablitas.* De son côté, Doña Juliana abandonne au duc la moitié de tous les biens qui pourront lui échoir de la succession de Barbe d'Ezpeleta, sauf la baronnie d'Ezpeleta qu'elle entend garder en entier. — Le 10 juin 1690, Juliana avait déjà obtenu les lettres de naturalisation, et pris possession de la baronnie; elle était encore baronne d'Ezpeleta, de Gostoro et d'Amotz le 5 juillet 1694, date à laquelle elle passa un acte *au château noble d'Espelette,* et le signa: *Doña Juliana Enriquez de Alava y Lacarra y Ezpeleta* (1). — Doña Juliana mourut sans avoir été mariée; d'après la tradition, elle légua le château d'Ezpeleta à l'église de la paroisse, pour servir de presbytère (a).

✦✦
✦

(a) M. le curé d'Espelette disait, en 1875, qu'il célébrait encore 12 messes chantées par an, pour le repos de l'âme d'une baronne *Barbara d'Ezpeleta* dont le nom se retrouve dans l'inscription qui est au-dessus de la porte du moulin; et qu'il tenait de ses prédécesseurs que le château avait été légué aux curés d'Espelette, par Barbara ou une autre baronne, à condition que tous les membres de la famille d'Ezpeleta pourraient être inhumés dans les tombeaux de leurs ancêtres, sans frais de funérailles.

(1) Archives de M. le baron d'Ezpeleta.

IV

## BRANCHE D'ARANAZ.

XVI. BELEN D'EZPELETA, 2e fils de Léon, vicomte de Valderro, baron d'Ezpeleta, Gostoro et Amotz, et de Doña Antonia de Gongora, alla s'établir dans la ville d'Aranaz, au royaume de Navarre, - à 35 kilomètres environ du château d'Ezpeleta, - et s'y maria, avant l'an 1569, à Doña MARIA DE VERGARA. [Armes de Vergara : *écartelé, aux 1 et 4 d'or au corbeau de sable; au 2 d'or à 2 loups passants de sable, l'un sur l'autre; au 3 d'or à 3 pals d'azur; sur le tout, échiqueté d'argent et de sable.*] — Le 24 avril 1569, Belen d'Ezpeleta assista, comme l'un des notables *vecinos* d'Aranaz, à une transaction passée en la maison de Martirenea, au sujet du premier bénéfice créé dans l'église de la dite ville. — Maria de Vergara fit son testament le 17 juin 1598, étant veuve (1); elle laissa de son mariage :

1º FRANCISCO qui suit ;

2º et JOANES D'EZPELETA qui épousa le 24 octobre 1604, en présence de Don Martin de Vergara, Doña ANA DE ZOZAYA. [Armes de Zozaya : *fascé d'argent et de gueules de 6 pièces.*] — Doña Ana de Zozaya mourut le 15 février 1647, et son mari le 20 novembre 1650, sans avoir testé, - dit l'acte de décès, - parce que précédemment il avait fait donation de ses biens à sa fille et à son gendre (2).

XVII. Don FRANCISCO D'EZPELETA se maria, vers l'an 1592, avec Doña CATALINA D'EGUZQUIZA qui était veuve lors du mariage de Don Juan, son fils, dont l'article suit. [Armes d'Eguzquiza : *d'argent à la croix de gueules cantonnée de 4 chaudières de sable.*] (3)

Francisco d'Ezpeleta laissa aussi un fils naturel :

THOMAS D'EZPELETA qui mourut à Aranaz le 9 janvier 1645.

XVIII. Don JUAN D'EZPELETA succéda à son père avant le 11 novembre

(1) Archives de M. le baron d'Ezpeleta. — Archives de la ville d'Aranaz.
(2) Registres des mariages et décès d'Aranaz.     (3) Archives de M. le baron d'Ezpeleta.

1622 ; à cette date, messire Pierre, baron d'Ezpeleta et vicomte de Valderro, déclare dans son testament qu'il doit certaines sommes, en principal et intérêts, à *Don Juan de Ezpeleta, pour la dot et légitime de ses pères.*
Le baron d'Ezpeleta lui avait déjà payé 1,400 ducats, et avait placé 500
ducats en rentes sur Don Miguel Navarro et Arguedas, procureur fiscal
de la ville de Tudela ; mais Don Juan exigea le capital, et le baron, par
acte passé devant Juan Roméo, notaire, lui donna la jouissance d'une
partie des eaux et herbages du village de Peña. — Juan d'Ezpeleta avait
épousé, le 7 janvier 1624, Doña MARGARITA D'ARANIBAR, fille de *Don
Juan, seigneur du palais d'Aranibar d'Aranaz,* et de *Doña Catalina d'Oteiza.*
[Armes d'Aranibar : *d'argent à l'arbre arraché de sinople, accosté de 2 fleurs de
lis d'azur.*] — Il mourut à Aranaz le 20 octobre 1654 (1), ayant eu de ce
mariage :

    1° RAMON D'EZPELETA mort en Aragon, au service du roi, le 14 août 1643 ; l'acte de
décès, transcrit sur les registres d'Aranaz, constate qu'il était célibataire.

    2° BELTRAN qui suit ;

    3° JUAN D'EZPELETA qui fut notaire royal [*escribano real*] en Navarre. — On voit
que la branche d'Aranaz avait conservé des relations de parenté avec son aînée, car
Barbe, baronne d'Ezpeleta, qui résidait alors au château de Noailhan, appela ce
Juan d'Ezpeleta auprès d'elle, pour lui confier la direction de ses affaires. Dans une
procuration générale qu'elle lui donna le 6 janvier 1683, il est dit *son neveu* (a) ;
l'acte de prise de possession de la baronnie de Noailhan, du 1er mars 1681, et trois
quittances, des 9 et 10 janvier 1683, le qualifient : *le sieur Jean d'Ezpelette, escuyer,
habitant à présent au bourg de Noaillan en Bourdellois.* On voit par l'acte mortuaire

    (a) *Degré de parenté entre Barbe & Juan d'Ezpeleta :*

    Léon, baron d'Ezpeleta, vicomte de Valderro, eut de Doña Antonia de Gongora, sa femme :

    1. François d'Ezpeleta marié à Engracia de Luxe :    2. Belen d'Ezpeleta marié à Maria de Vergara :
    Pierre d'Ezpeleta marié à Marie de La Mothe :    Francisco d'Ezpeleta m. à Catalina d'Eguzquiza :
    Barbe, baronne d'Ezpeleta, de Noailhan etc.    Juan d'Ezpeleta marié à Margarita d'Aranibar :
        Juan d'Ezpeleta, *neveu* de Barbe, en 1683.

    (1) Arch. de M. le baron d'Ezpeleta. — Registre des décès d'Aranaz.

de Catalina de Vereau, du 1er octobre 1667, que Juan d'Ezpeleta était déjà notaire à cette date ; mais il avait résigné sa charge avant 1681. — Il avait épousé le 1er juillet 1663 Doña MADALENA DE TABERNA (1). [Armes de Taberna : *écartelé, aux 1 et 4 de gueules au fer de lance d'argent, la pointe en bas ; aux 2 et 3 d'or à 2 loups passants de sable, l'un sur l'autre (a)*.] — De ce mariage naquit :

MARIA - JUAN D'EZPELETA mariée le 24 juillet 1695, à Don THOMAS DE MAYA. - En 1722 Doña Maria - Juan de Larrea leur fit donation de certains biens. Maria - Juan d'Ezpeleta mourut le 30 décembre 1734 (2).

4° PEDRO tige du second rameau, rapporté ci-après ;

5° JUANO - PEREZ D'EZPELETA, désigné comme l'un des jurats de la ville d'Aranaz, dans un acte du 23 mars 1686, où Don Beltran, son frère, figure comme témoin (b).

— Dans son testament fait en la ville d'Aranaz, le 18 janvier 1683, par devant Mathias de Zavaleta, notaire royal, il déclare vouloir être enterré dans l'église paroissiale, en la sépulture qu'y possède sa maison de Vergarenea, avec les honneurs et autres suffrages accoutumés en la dite paroisse, pour les personnes de son état et de sa qualité ; il doit encore 11 ducats sur le prix de la maison de Vergarenea qu'il a acquise de Doña Catalina d'Irisarri, veuve de Don Juano de Vicuña et Aranibar, et 12 ducats à Don Pedro d'Ezpeleta, son frère ; il doit aussi certaine somme, par contrat, à Don Pedro-José de Zavaleta, recteur d'Aranaz. Il dit avoir eu de Catalina de Leiza, d'Aranaz, non mariée, un fils naturel [adultérin] nommé Esteban d'Ezpeleta, à qui il lègue, ainsi qu'à Beltran et Pedro d'Ezpeleta, ses frères, et à tous ses parents qui peuvent prétendre à son héritage, à chacun 5 sols carlins pour part aux meubles ; et aux immeubles, 2 *robadas* de terre dans les montagnes d'Aranaz, les deshéritant de tous autres droits. Il institue héritiers de ses biens, Doña MARIA - JUAN DE LARREA, sa femme légitime, et Esteban d'Ezpeleta, son fils bâtard. [Armes de Larrea : *de gueules à 3 chaudières d'or rangées en pal, celle du milieu plus grande, et chacune des deux autres avec deux serpenteaux de sable issant en dehors, un à*

---

(a) Ces armes sont celles de la ville libre d'Aranaz, dont tous les *vecinos* avaient été reconnus nobles, et exemptés de la taille, par lettres du roi de Navarre de l'an 1494 (Arch. de Pampelune, *Comptes*, tome 29, page 370). Plus tard, un roi d'Espagne leur accorda par lettres patentes conservées aux archives d'Aranaz et de Pampelune, le droit de porter les armoiries pleines de la ville, ou de les écarteler avec les leurs propres ; beaucoup de familles usèrent de ce privilège, et quelques unes laissèrent même leurs armes, pour adopter celles de la ville.

(b) Les jurats d'Aranaz, au nombre de trois, rendaient la justice avec l'alcalde ; comme lui, ils étaient élus tous les ans parmi les notables de la ville.

(1) Arch. de M. le baron d'Ezpeleta. — Registres des décès et des mariages d'Aranaz.
(2) Ibidem. — Répertoire des actes de Juan - Bautista de Zavaleta, notaire.

*chaque oreille des anses.*] — Juano-Perez avait eu de son mariage (1) :

JUAN D'EZPELETA baptisé le 25 janvier 1678 : parrains Don Joanes d'Almandoz, et Doña Maria d'Elizondo. Il mourut le 7 mars 1679 (2).

ESTEBAN D'EZPELETA, fils naturel de Don Juano-Perez et de Catalina de
Leiza, avait eu pour parrains de baptême - le 7 mars 1681, - Don Miguel
de Machicotte et Doña Maria d'Irisarri.

6º et CATALINA D'EZPELETA mariée le 18 janvier 1664 à Don JUAN D'ARANIBAR, en
présence de Juan d'Ezpeleta, Juan-Perez de Vergara et José de Vergara.

### PREMIER RAMEAU.

XIX. BELTRAN D'EZPELETA, né vers l'an 1625, épousa le 1er novembre
1655 Doña MARIA D'ALMANDOZ, en présence de Don Lorenzo de Vergara, Don Joanes d'Eguzquiza, et Don Juan de Vergara, recteur d'Aranaz.
[Armes d'Almandoz: *écartelé, aux 1 et 4 échiqueté de sable et d'argent,* qui est
de la vallée de Baztan : *aux 2 et 3 d'argent à 3 feuilles de vigne de sinople, 2
et 1,* qui est d'Almandoz.] — Don Beltran d'Ezpeleta mourut à Aranaz,
le 7 septembre 1709, - âgé de plus de 80 ans, dit l'acte de décès, - et
sa femme, le 9 octobre suivant. — De ce mariage étaient nés :

1º BAUTISTA qui suit ;

2º ILFONSO dont l'article vient après celui de son frère aîné ;

3º et JUAN dont la postérité est rapportée après celle d'Ilfonso, son frère ;

XX. BAUTISTA D'EZPELETA, *almirante* de la ville d'Aranaz (a), assista le
24 février 1690, avec Don Juan-Fermin de Zavaleta, alcalde d'Aranaz,
et Don Bonifacio d'Elizondo, au contrat de mariage de Don Andrès de
Vergara avec Doña Josefa d'Irureta. — Don Bautista d'Ezpeleta s'était

(a) L'*almirante* était un officier royal chargé d'exécuter les sentences de l'alcalde, chef de la justice ; il
prêtait serment de bien administrer son amirauté, de faire des relations véridiques des *emparanzas* et exé-
cutions, de sauvegarder les droits du roi et de les tenir secrets (Archives de Pampelune, c. 154, n. 6). A
Aranaz, comme à Yanci, l'alcalde et l'almirante étaient nommés par le roi, tous les ans, et choisis parmi les trois candidats que la ville présentait pour chaque office (Arch. de Pampelune, c. 165, n. 67).

(1) Archives de M. le baron d'Ezpeleta, - actes originaux.

(2) Tous les actes de baptêmes, mariages et décès cités jusqu'à la fin du chapitre se trouvent, sauf indi-
cations contraires, dans les registres d'Aranaz, et en copies légalisées aux archives de la famille.

marié le 7 février 1688 à Doña FRANCISCA D'ARANIBAR. [Armes d'Aranibar ; blasonnées à la page 73.] — Il eut de cette union :

1º ANA - MARIA D'EZPELETA baptisée le 4 décembre 1688 : parrains Don Beltran d'Ezpeleta et Doña Catalina d'Aranibar.

2º et MARIA - BAUTISTA D'EZPELETA tenue sur les fonts de baptême - le 11 décembre 1691, - par Don Antonio de Zozaya et Doña Maria de Zozaya. Elle épousa Don GRÉGORIO DE SARRIA.

XX. ILFONSO D'EZPELETA, - 2ᵉ fils de Don Beltran et de Doña Maria d'Almandoz, - épousa Doña ANA DE MIGUELENA, le 29 janvier 1690, en présence de Don Cosme de Miqueo. [Armes de Miguelena : *échiqueté de sable et d'argent*.] — Don Ilfonso d'Ezpeleta mourut à Aranaz, le 30 janvier 1714, - *après avoir fait son testament*, porte l'acte de décès, - laissant de son mariage :

1º JUAN - ALEXANDRO D'EZPELETA baptisé le 25 juin 1700 : parrains Don Mathias de Zavaleta et Doña Maria de Zavaleta. Il mourut subitement d'apoplexie le 14 mai 1719, sans avoir été marié.

2º MARIA - JOSEFA D'EZPELETA [*née avant le mariage*] baptisée le 17 novembre 1686 : parrains Don Juan-Martin d'Aranibar et Doña Maria - Esteban de Miguelena. Elle fut mariée le 5 octobre 1704, à Don JUAN DE VERGARA.

3º MARIA - BAUTISTA D'EZPELETA tenue sur les fonts baptismaux par Don Bautista d'Ezpeleta et Doña Maria - Esteban de Miguelena, le 14 juin 1691. Elle épousa le 19 janvier 1710, Don JUAN-BAUTISTA D'IRUMBERRY, fils de *Don Felipe d'Irumberry* et de *Doña Catalina d'Apecechea*.

4º et JUANA - MARIA D'EZPELETA baptisée le 18 mars 1696 : parrains Don Juano-Perez d'Ezpeleta et Doña Ana-Maria de Zozaya [femme de Don Felipe d'Elizondo].

Don Ilfonso avait eu de Maria d'Isasso, une fille naturelle :

MARIA-CATALINA D'EZPELETA baptisée le 16 décembre 1685 : parrains Don Beltran d'Ezpeleta et Catalina de Sogilla.

XX. JUAN D'EZPELETA, IIᵉ du nom dans cette branche, - 3ᵉ fils de Don Beltran et de Doña Maria d'Almandoz, - Juano - Perez d'Ezpeleta, son cousin germain, Thomas d'Echegoyen, Lorenzo d'Eguzquiza, Juan de Larrea, Cosme de Miquéo, Pedro d'Iturbide, Miguel de Larrain, Juan de Zozaya, Martin de Veréau, Felipe d'Irumberry, Juan d'Echayde, Pedro de Gamboa, Juan de Suhescun, Fermin d'Irisarri, Juan de Zubieta, José de Vergara, Martin - Perez d'Almandoz, Pedro d'Aranibar, etc., furent présentés avec leurs armes et munitions, le 10 août 1693, par Don Juan de Berecoechea, capitaine des gens de guerre d'Aranaz et alcalde de la ville, pour être passés en revue, au capitaine Don Gaspard de Revolledo et Quevedo, chevalier de Calatrava et gouverneur du port de la ville de Vera (1). — Juan d'Ezpeleta se maria à Doña CATALINA DE VERGARA, le 26 juillet 1692, [Armes de Vergara : *blasonnées à la page 72.*] Il mourut le 10 octobre 1745, ayant eu de son mariage :

1° BELTRAN - JOSÉ D'EZPELETA baptisé le 8 avril 1693 : parrains Don Beltran d'Ezpeleta, son aïeul, et Doña Catalina de Garciarena ; — mort sans postérité.

2° ILFONSO D'EZPELETA baptisé le 26 novembre 1695 : parrains Don Ilfonso d'Ezpeleta, son oncle, et Doña Maria - Juan de Larrea [veuve de Don Juano - Perez d'Ezpeleta] ; — mort sans postérité.

3° JACOB surnommé SANTIAGO D'EZPELETA tenu sur les fonts baptismaux - le 29 avril 1701, - par Don Juano de Larrain et Doña Maria - Perez d'Errazuriz. Il mourut sans postérité, le 22 janvier 1722, à son retour de San - Sébastian.

4° JUAN qui suit ;

5° MARTIN - JOSÉ D'EZPELETA baptisé le 15 février 1706 : parrains Don Martin de Mendiburu et Doña Joséfa d'Ezpeleta ; — mort sans postérité, le 29 janvier 1728.

6° MELCHIOR D'EZPELETA baptisé le 24 mai 1708 ; — mort en bas âge.

7° et ANA - JOSÉFA D'EZPELETA baptisée le 31 mars 1699 : parrains Don José d'Ezpeleta et Doña Catalina d'Eguzquiza [femme de Don Fermin d'Irisarri].

XXI. JUAN D'EZPELETA, IIIe du nom, baptisé le 1er juillet 1703, était le seul survivant de tous les Ezpeleta du premier rameau, lorsque, le 19 janvier 1751, - *étant célibataire*, dit l'acte, *sujet apte et honoré, et réunissant*

(1) Archives de M. le baron d'Ezpeleta.

*toutes les qualités et vertus requises,* - il fut nommé à *l'ermitage ou basilique de San - Salvador,* vacant depuis le décés de Don Felipe de Vicuña, par le recteur, les bénéficiers, l'alcalde et les jurats de la ville d'Aranaz, patrons de cette basilique. Le lendemain, Don Juan d'Ezpeleta donna pouvoir à Don Ignacio Navarro, protonotaire du tribunal ecclésiastique, pour obtenir de l'évêque de Pampelune la confirmation de sa nomination (1). — Il mourut sans laisser de postérité.

DEUXIÈME RAMEAU.

XVIII. PEDRO D'EZPELETA, - 4ᵉ fils de Don Juan I et de Doña Margarita d'Aranibar, - mentionné comme frère de Beltran et Juano - Perez d'Ezpeleta, dans le testament de ce dernier du 18 janvier 1683, mourut à Aranaz le 12 septembre 1697. — Il avait épousé le 20 mars 1667, - en présence de Dⁿ Juan - Perez de Vergara et Dⁿ Martin d'Aranibar, - Doña MARIA DE VERÉAU ET ELIZALDE (*a*), qui décéda le 11 septembre 1711. [Armes de Veréau : *écartelé, aux 1 et 4 de gueules au fer de lance d'argent, la pointe en bas ; aux 2 et 3 d'or à 2 loups passants de sable, l'un sur l'autre.*] — Par son testament, dicté à Dⁿ Martin de Borda, recteur d'Aranaz, Maria de Veréau institua pour héritier universel Don Juano - Perez d'Ezpeleta, son fils aîné, né de son légitime mariage avec Don Pedro d'Ezpeleta, défunt. « *Aussitôt l'arrivée des galions qui doivent apporter l'argent que lui a laissé, par son dernier testament, le capitaine Don Juano de Veréau et Elizalde, son frère,* - dit - elle, - *il sera fondé, au cens de 20 ducats par an, deux anniversaires qui se célébreront en cette paroisse, pour le repos de son âme et pour l'obligation qu'a Don Géronimo d'Ezpeleta, son autre fils, de 80 ducats et plus.*»

(1) Archives de M. le baron d'Ezpeleta, — actes originaux.

(*a*) La maison de Veréau possédait une ferrerie seigneuriale de son nom, dans la ville de Lesaca. — Étiennette de Veréau, nièce de Doña Maria, épousa vers l'an 1695, Jean - Péritz de Haraneder, écuyer,

Ces dispositions sont insérées dans l'acte de décès, et une note écrite en regard, par D<sup>n</sup> Martin de Borda, constate que les dernières volontés de Doña Maria de Veréau furent exécutées. — Elle laissa de son mariage :

1° JUANO - PEREZ qui suit ;

2° et GÉRONIMO dont la postérité est rapportée après celle de son frère ;

XIX. JUANO - PEREZ D'EZPELETA se maria le 27 juillet 1692, avec Doña ANA - MARIA DE VERGARA. [Armes de Vergara : *blasonnées à la page 72.*] — Il dicta ses dernières volontés à Juan - Bautista de Zavaleta, notaire, le 29 décembre 1719, et mourut le dernier jour de février 1720. Dans son testament, Don Juano - Perez d'Ezpeleta déclare vouloir être enterré dans l'église paroissiale d'Aranaz, avec les honneurs accoutumés pour les personnes de son état et de sa qualité. Il a trois filles légitimes issues de son mariage avec Doña Ana - Maria de Vergara : Maria - Joséfa, Maria - Francisca et Maria - Lorenza d'Ezpeleta ; il institue sa femme héritière universelle de tous ses biens (1). — Le 19 octobre 1738, Ana - Maria de Vergara, veuve, et Maria - Lorenza d'Ezpeleta, sa fille, vendirent à Don

seigneur de la maison noble de Jolimont, conseiller secrétaire du roi, Maison et Couronne de France. Jean - Péritz fut un des plus énergiques promoteurs des armements pour la pêche de la baleine ; il entreprit, avec non moins de succès, des courses sur mer pendant la seconde guerre de Hollande, et sa fortune atteignit le chiffre - énorme pour le pays et l'époque, - de 2,000,000 de livres. Il eut d'Etiennette de Veréau :

    *a.* Dominique de Haraneder, écuyer, qui épousa Geneviève de Bouqueton, héritière du château de Lohobiague ou Mokorenea, appelé *Maison Louis XIV* depuis que ce prince y descendit.

    *b.* Pernauton de Haraneder, écuyer, avocat au parlement de Paris, marié par contrat du 1<sup>er</sup> août 1719, à Marie - Rénée - Thérèse de Castaignolès, vicomtesse de Macaye, veuve de haut et puissant seigneur messire Armand de Belsunce, vicomte de Méharin, bailli royal du pays de Mixe.

    *c.* Alexis de Haraneder, écuyer, marié le 14 novembre 1727 à Marie - Isaure de Saint - Martin.

    *d.* Marie de Haraneder femme, par contrat du 23 juin 1704, de messire Salvat d'Urtubie, baron de Garro, dont elle n'eut pas d'enfant.

    *e.* Marie - Anne de Haraneder qui épousa le 25 avril 1716, messire Gabriel - Jean - Baptiste de Saint - Esteven, vicomte de Saint - Esteven et baron de Sault, capitaine au régiment de Civry.

    *f.* et autre Marie - Anne de Haraneder mariée par contrat du 10 février 1719, à haut et puissant seigneur messire Charles III de Belsunce, vicomte de Méharin, capitaine au régiment de Nivernais et bailli royal du pays de Mixe ; leur postérité est représentée par M. le vicomte Dominique - Arnold de Belsunce.

(1) Archives de M. le baron d'Ezpeleta.

Géronimo d'Elizondo et Doña Juana-Maria de Burguette, sa femme, la maison d'Erreguenea-chipia, qui avait été acquise jadis, à carte de grâce, par Dᵃ Ana-Maria de Vergara et son mari, de feu Dⁿ Mathias de Zozaya et Dᵃ Catalina de Michelena, sa femme, seigneur et dame de la maison d'Erreguenea-mayor, suivant acte passé devant Mathias de Zavaleta, notaire (1). — Don Juano-Perez d'Ezpeleta avait eu de son mariage :

1° FRANCISCO D'EZPELETA baptisé le 18 juillet 1700 : parrains Don Francisco d'Urrusulegui et Doña Catalina d'Irisarri ; — mort sans postérité.

2° GÉRONIMO D'EZPELETA baptisé le 30 avril 1706 : parrains Don Géronimo d'Ezpeleta et Doña Ana-Maria de Zubieta ; — mort jeune.

3° URBANO D'EZPELETA baptisé le 22 septembre 1709 ; parrains Don Urbano de Vergara et Doña Maria-Joséfa de Vicuña ; — mort en bas âge.

4° MARIA-JOSÉFA D'EZPELETA tenue sur les fonts de baptême le 20 avril 1695, par Don José de Vergara et Doña Maria de Vergara.

5° MARIA-FRANCISCA D'EZPELETA baptisée le 18 juin 1697 : parrains Don Pedro d'Ezpeleta et Doña Maria-Perez d'Eguzquiza ; — elle mourut le 8 septembre 1721.

6° MARIA-LORENZA D'EZPELETA baptisée le 30 octobre 1702.

7° et SÉRAFINA D'EZPELETA baptisée le 27 novembre 1713.

XIX. GÉRONIMO D'EZPELETA, 1ᵉʳ du nom, – 2ᵉ fils de Dⁿ Pedro et de Dᵃ Maria de Miquéo, – épousa Doña ANA-MARIA DE ZUBIETA, le 3 janvier 1698, en présence de Dⁿ Pedro d'Olague, prêtre, et Dⁿ Pascual de Zubieta. [Armes de Zubieta : *d'azur à 5 têtes de bouc d'argent, en sautoir*.] — On trouve dans le répertoire de J.-B. de Zavaleta, notaire, mention d'une quittance consentie en faveur de Dⁿ Juano-Perez d'Ezpeleta, par Dⁿ Géronimo, son frère (2). Celui-ci laissa de son mariage :

XX. JOSÉ D'EZPELETA baptisé le 8 septembre 1698 ; – ses parrain et marraine furent Dⁿ Juano-Perez d'Ezpeleta et Dᵃ Ana d'Alza. — Il se maria le dernier février 1718, à Doña MANUELA DE MIQUÉO, fille de *Don*

(1) Archives de M. le baron d'Ezpeleta.    (2) Archives d'Aranaz.

*Miguel de Miquéo* et de *Doña Antonia d'Apezteguia*. [Armes de Miquéo : *coupé, en chef d'argent à l'arbre terrassé de sinople, et en pointe échiqueté de sable et d'argent.*] — Don José d'Ezpeleta mourut le 13 mars 1725, après avoir dicté son testament à Mathias de Zavaleta, notaire, – dit l'acte de décès ; et le 5 mai suivant, Doña Manuela de Miquéo, sa veuve, constitua en faveur de Dⁿ Martin de Borda et Dⁿ Géronimo de Larrain, recteur et bénéficier de l'église d'Aranaz, et des recteurs et bénéficiers leurs successeurs, une rente annuelle et perpétuelle d'un ducat, au capital de vingt ducats ; pour sûreté de cette somme, elle hypothéqua la maison de Calecoechea avec son enclos, trois pièces de terre et tous ses autres biens, lesquels biens étaient libres et lui appartenaient en propre, n'étant grevés que d'une rente de 10 ducats envers la confrérie de Saint Joseph d'Aranaz (1). — Ses enfants furent :

1° Géronimo d'Ezpeleta, IIᵉ du nom, baptisé le 5 décembre 1718 : parrain Don Géronimo de Larrain, prêtre, marraine Doña Gracia - Bautista de Fagoaga. — Il mourut sans postérité,

2° et Juan - Fermin qui suit,

XXI. Juan-Fermin d'Ezpeleta né le 7 mai 1723, fut tenu sur les fonts de baptême par Don Fermin de Vicuña et Aranibar, alcalde de la ville d'Aranaz, et Doña Ana - Joséfa d'Ezpeleta. — Il épousa le 27 octobre 1743, Doña Maria - Francisca de Larrain et Santesteban, fille de *Don José de Larrain & Goyzuetena*, et de *Doña Maria - Joséfa de Santesteban & Elizondo*. [Armes de Larrain : *de gueules à la fasce d'argent accompagnée de 2 chaudières d'or, et à la bordure cousue du champ chargée de 8 croix de Saint André d'or.*] — De ce mariage naquirent :

1° José - Manuel qui suit.

2° Martin-José d'Ezpeleta marié le 27 janvier 1777, avec Doña Maria - Joséfa

(1) Archives de M. le baron d'Ezpeleta.

D'Echegoyen, fille de *Don Lorenzo d'Echegoyen et de Doña Cecilia de Chango*.

3° Diego-José d'Ezpeleta qui épousa, le 9 janvier 1797, Doña Ana-Joséfa de Choperenea, fille de *Don Pedro-José de Choperenea et de Doña Maria-Bautista d'Indart*.

4° Vicente d'Ezpeleta baptisé le 17 décembre 1777 ; parrains Don Vicente de Larrain et Doña Manuela de Larrechea, femme de Don Rafael de Larrain.

5° Madalena d'Ezpeleta mariée le 30 novembre 1773, à Don Lorenzo de Vergara et Aranibar.

6° Maria-Francisca d'Ezpeleta mariée le 18 avril 1775, à Don Santiago de Vergara et Taberna.

7° Maria-Rafaela d'Ezpeleta qui épousa, le 12 février 1787, Don Juan-Bautista d'Echegoyen. — Restée veuve, elle se remaria, en 1795, à Don Martin-Francisco d'Alzuri.

8° Maria-Jésusa d'Ezpeleta mariée, en 1796, à Don Juan-Bautista de Zubieta.

XXII. José-Manuel d'Ezpeleta et Larrain baptisé le 27 mars 1744, eut pour parrain Don José de Larrain, son aïeul maternel, et pour marraine Doña Manuela de Miquéo, son aïeule paternelle. — Par suite de l'extinction, dans les mâles, des vicomtes de Valderro et des autres rameaux de la branche d'Aranaz, et par le décès sans postérité de Dª Juliana Enriquez de Lacarre, Don José-Manuel d'Ezpeleta était l'héritier naturel des titres français de *baron d'Ezpeleta, de Gostoro et d'Amotz* : sa nationalité de navarrais-espagnol ne lui permit pas de les revendiquer ; mais son petit-fils, admis à jouir des droits de citoyen français, les releva plus tard. — Don José-Manuel épousa le 14 novembre 1768, en la ville de Yanci, Doña Jésusa-Maria-Joséfa d'Irisarri et Apezechea, fille de *Don Martin-José d'Irisarri & Zala*, et de *Doña Maria-Joséfa d'Apezechea & Juan-Sanzberro* (1). [Armes d'Irisarri, de Yanci : *de gueules au chiffre d'argent composé de 3 bâtons en pal enlacés dans un S, et 15 besans d'or en orle, celui de la pointe entre deux croix pattées d'argent.*] — Il eut de cette

(1) Registre des mariages de la ville de Yanci.

union Don Fermin qui suit.

XXIII. Fermin d'Ezpeleta et Irisarri né à Yanci le 2 décembre 1773, fut tenu sur les fonts de baptême – le lendemain, – par Don Martin de Machicote et Doña Maria-Catalina d'Irisarri (1). — Il se maria en la ville d'Aranaz, le 7 juin 1797, à Doña Maria-Yacinta d'Irisarri et Alsueta, fille de *Don Xavier-Ignacio d'Irisarri & Larrain*, et de *Doña Ana-Joséfa d'Alsueta & Zavaleta*, sa première femme. [Armes d'Irisarri, d'Aranaz : *coupé, en chef écartelé, aux 1 et 4 d'argent au fer de lance au naturel, la pointe en bas ; aux 2 et 3 d'or à 2 loups passants de sable, l'un sur l'autre ; et en pointe, de gueules au chiffre d'argent composé de 3 bâtons en pal enlacés dans un S, et 15 besans d'or en orle, celui de la pointe entre 2 croix pattées d'argent.*] — Resté veuf, Don Fermin d'Ezpeleta se remaria, au lieu d'Almandoz dans la vallée de Baztan, le 12 août 1820, à Doña Micaela de Gaztelu. [Armes de Gaztelu : *échiqueté de sable et d'argent.*] — Il mourut le 30 janvier 1831, laissant :

Du 1er lit,

    1º François-Xavier-Marie qui suit ;

    2º Martin-José d'Ezpeleta et Irisarri mort sans postérité.

Et du 2d lit,

    3º Martin-José d'Ezpeleta et Gaztelu mort sans postérité.

    4º Juan-Esteban mort sans postérité.

    5º Xavier-Maria-Pio mort sans postérité.

    6º Maria-Jésusa.

    7º et Agustina-Maria d'Ezpeleta et Gaztelu.

XXIV. François-Xavier-Marie d'Ezpeleta, baron d'Ezpeleta, de Gostoro et d'Amotz, chevalier surnuméraire et commandeur du nombre extraordinaire de l'ordre royal de Charles III d'Espagne (a), commandeur

(1) Registre des baptêmes de la ville de Yanci.

(a) En 1839, lorsque le baron d'Ezpeleta y fut admis, l'ordre de Charles III n'avait que des chevaliers

de l'ordre du Christ de Portugal, chevalier de la Légion d'honneur, consul de S. M. le roi de Portugal à Bordeaux, naquit à Aranaz le 14 mars 1798. — Il épousa à Tepic (Mexique), le 15 janvier 1826, Doña MARIA - DE - JÉSUS - YNIGO RUIZ ET MONTEAGUDO, fille de *Don Fernando - Yñigo Ruiz & La Brena*, et de *Doña Francisca de Monteagudo & Ortiz*, et sœur de *Don Juan - Bautista - Yñigo Ruiz & Monteagudo, chevalier surnuméraire de l'ordre royal de Charles III d'Espagne*. [Armes de Ruiz : *parti, au 1 d'or au lion rampant de sable, armé et lampassé de gueules, surmonté d'une étoile à 6 rais de gueules ; au 2 d'azur au château donjonné de 3 pièces d'argent, maçonné de sable, sur uu rocher aussi d'argent, et en chef 3 étoiles d'or rangées en fasce.*] — François - Xavier d'Ezpeleta vint se fixer à Bordeaux, au mois de juin 1829, et fut autorisé par ordonnance royale du 29 mars 1832, à établir son domicile en France et à y jouir des droits civils. — Il fit les preuves de 16 quartiers de noblesse, et Don Pablo La Vergne, chroniqueur, roi d'armes du nombre le plus ancien dans tous les royaumes, domaines et seigneuries de S. M. C. Doña Ysabel II, reine d'Espagne, lui délivra un certificat, daté de Madrid le 27 mai 1840, donnant la filiation des ascendants paternels et maternels du *seigneur Don Francisco - Xavier de Ezpeleta, Irisarri et Irisarri, Larrain et Alsueta, chevalier de l'ordre royal et distingué de Charles III*, et attestant sa descendance *de l'illustre et ancienne maison d'Ezpeleta, en Labourd et en Navarre, au vu des actes authentiques produits par lui, et des registres nobiliaires, livres d'armes, minutes, documents historiques et autres titres imprimés et manuscrits déposés au greffe et confiés*

surnuméraires, des chevaliers pensionnés et des grand - croix. Il fallait, avant la réception, prouver la généalogie, religion chrétienne, bonnes coutumes, légitimité et limpidité de sang et d'offices des ascendants paternels et maternels jusqu'aux bisaïeux, dans toutes les lignes, et la noblesse d'extraction, non de privilège, du père, de l'aïeul paternel et de l'aïeul maternel, par titres authentiques et originaux, et informations judiciaires. — Depuis on a supprimé les preuves de noblesse, et créé les dignités de commandeur et de commandeur du nombre extraordinaire ; ce dernier grade correspond à celui de grand - officier dans la Légion d'honneur. — Voir à l'*Appendice* les preuves de François - Xavier d'Ezpeleta, et de Don Juan - Bautista - Yñigo Ruiz et Monteagudo.

*à la garde du dit roi d'armes* (1). — En 1846 François - Xavier d'Ezpeleta
eut l'idée de relier l'Océan à la Méditerranée et de faciliter les relations
commerciales avec l'Espagne, par la création des chemins de fer de Bordeaux à Cette et à Bayonne, et, dans ce but, il fonda avec les ducs de
Mouchy et d'Albuféra, comme administrateurs, une compagnie dont la
présidence lui fut donnée ; mais la révolution de 1848 vint arrêter la ré-
alisation du projet. Lors du voyage du prince - président à Bordeaux, le
baron d'Ezpeleta lui exposa son plan et obtint, en son nom, la conces-
sion des réseaux du Midi. Il fut nommé chevalier de la Légion d'honneur par décrêt impérial du 1er janvier 1853, pour les services qu'il avait
rendus comme fondateur de l'un des premiers établissements commer-
ciaux d'armement en France. — Le roi de Portugal, à son passage à
Bordeaux en 1855, reconnut à François - Xavier le titre de baron d'Ezpeleta dans son royaume, pour en jouir sa vie durant, avec les honneurs,
prérogatives et prééminences y attachés ; les lettres patentes lui furent
expédiées le 10 octobre 1855. Il était déjà consul de S. M. depuis le 26
avril 1851, et commandeur de l'ordre du Christ du 22 février 1853. —
Le baron d'Ezpeleta est mort à Bordeaux le 7 août 1856, ayant eu de
son mariage :

1° FRANÇOIS - CASIMIR - MICHEL - DU - REFUGE, BARON D'EZPELETA, commandeur du
nombre extraordinaire de l'ordre royal de Charles III, commandeur du Christ de
Portugal, consul de Nicaragua à Paris, né à Tepic. Il fut admis à jouir des droits
civils en France le 6 novembre 1849, et prit part à la défense de Paris, en 1870-71,
comme capitaine adjudant - major de la garde nationale. — François d'Ezpeleta
trouva la mort dans un accident de chemin de fer, à Tortosa (Espagne), au mois
d'octobre 1872.

2° XAVIER - LOUIS - MARIE D'EZPELETA, chevalier des ordres royaux de Saint - Jean de
Jérusalem d'Espagne et de la Conception de Portugal, né à New - York. — Il est
décédé à Paris le 19 juillet 1868.

(1) Archives de M. le baron d'Ezpeleta.

3º JEAN D'EZPELETA, né à Paris, — mort jeune.

4º SYLVÈRE-DOMINIQUE-JOSEPH qui suit;

5º ANASTASE-FERDINAND D'EZPELETA, BARON DE GOSTORO, chevalier de Charles III, de Saint-Jean de Jérusalem, de la Conception, et de Notre-Dame de Guadalupe, né à Bordeaux.

6º ANTOINE-MANUEL-JOSEPH D'EZPELETA, BARON D'AMOTZ, chevalier de la Légion d'honneur et de Charles III d'Espagne, né à Bordeaux. — Il a fait la campagne contre l'Allemagne comme capitaine de la garde mobile hors cadres, et officier d'ordonnance de M. le général Billot.

7º CHARLES-JOSEPH-JEAN D'EZPELETA, mort en bas âge.

8º et DANIEL-JOSEPH-LÉON-DU-REFUGE D'EZPELETA, commandeur du nombre extraordinaire de l'ordre d'Isabelle la Catholique, et chevalier de Charles III.

XXV. SYLVÈRE-DOMINIQUE-JOSEPH, BARON D'EZPELETA, chevalier des ordres royaux de Charles III, de Saint-Jean de Jérusalem, du Christ de Portugal, et de l'ordre impérial de Notre-Dame de Guadalupe du Mexique, ancien lieutenant au 2e régt de Chasseurs, a commandé la contre-guérilla de Tamaulipas, au Mexique, de 1865 à 1867. — Il s'est marié le 27 octobre 1874, avec Melle BLANCHE CLAUZEL, petite-nièce du *maréchal comte Clauzel.* [Armes de Clauzel : *écartelé, au 1 d'azur à 3 étoiles d'argent mal ordonnées ; au 2 de gueules à l'épée d'argent en pal, la pointe en chef ; au 3 d'azur au chevron de gueules bordé d'argent, accompagné de 3 mains dextres d'argent, 2 en chef levées et appaumées, et 1 en pointe allongée à dextre, la paume en dessous ; au 4 d'or à 3 crabes de gueules, 2 et 1.*].

# CHAPITRE IV

# DUCS DE CASTROTERREÑO,
## COMTES D'EZPELETA DE BEIRE,
### DE TRIBIANA, D'ECHAUZ ET DEL VADO,
### MARQUIS DE MONTE - HERMOSO,
#### SEIGEURS DE BEIRE, D'UNDIANO, DE DICASTILLO,
##### ET AUTRES LIEUX.

### I

RMOIRIES : — D'après un usage très - répandu en Navarre et dans toute l'Espagne, les chefs de cette branche ont écartelé leurs armes de celles de plusieurs alliances, le plus souvent dans l'ordre suivant : *au 1 d'Ezpeleta, au 2 de l'aïeul maternel, au 3 de l'aïeule paternelle, et au 4 de l'aïeule maternelle.* — On en trouvera des exemples dans la suite de ce chapitre.

II

XII. BERNARD D'EZPELETA, Iᵉʳ DU NOM, CHEVALIER, SEIGNEUR DE BEIRE
ET DE SAN - MARTIN - DE - UNX, – 2ᵉ fils d'Oger de Garro et de Jeanne
d'Ezpeleta, seigneur et dame d'Ezpeleta et de Valderro, – étudiait à
Pampelune en 1406. — Charles le Noble, roi de Navarre, le nomma
sénéchal [*merino*] d'Olite et châtelain de Miranda, le 16 novembre 1422;
il fut aussi châtelain de Falces, et – dès 1423 – grand écuyer de l'infant
Don Carlos, prince de Viane. — Par lettres datées de Pampelune le 10
juillet 1431, Jean d'Aragon et Blanche de Navarre, roi et reine de Navarre, – *ayant mémoire des bons et agréables services que leur bien-aimé Mosen*
*Bernat Dezpelleta, chevalier et grand écuyer du prince Don Carlos, leur très-cher*
*et très-aimé fils premier-né et héritier, leur a rendus quand le roi alla en Castille*
*et depuis, considérant aussi que lors de son couronnement le roi conféra l'ordre de*
*la chevalerie au dit Mosen Bernat, et le fit armer chevalier,* – ils lui donnent
toutes les dîmes et rentes de San-Martin-de-Unx et Beire, sa vie durant.
— En 1443 Bernard d'Ezpeleta servait à la tête de 6 lances et touchait
une solde de 15 florins d'or par lance et par mois. Il adopta le parti du
roi Jean II, lorsque le prince de Viane prit les armes pour faire valoir ses
droits au trône, et rendit de grands services à sa cause. Comme récompense, Jean d'Aragon lui donna la seigneurie absolue du lieu de Beire,
avec juridiction basse et moyenne, pour lui, ses fils et héritiers issus de
légitime mariage, par lettres du 31 décembre 1456, et par d'autres lettres
du 8 juin suivant, les château et village de San-Martin-de-Unx, en la
même forme, *parce que* – dit le roi – *entre tous nos sujets, familiers et serviteurs,*
*notre bien-aimé Mosen Bernat Ezpeleta, mérin de nos ville et mérindé d'Olite,*
*nous sert avec beaucoup de volonté depuis longtemps, et nous a rendu de bons et*
*agréables services, comme un vertueux chevalier et très-fidèle serviteur, avec grands*

*travaux de corps et de pensée, de jour et de nuit, pour l'honneur et l'augmentation de notre état, ayant au péril de sa vie reçu beaucoup de blessures et versé son sang pour défendre notre personne et nos terres, cités, villes et forteresses contre les enne-mis.* La princesse Léonor, comtesse de Foix, ratifia ces donations comme héritière du royaume, par lettres datées d'Olite le 29 novembre 1475. — Le sceau de Bernard d'Ezpeleta, composé d'un écu arrondi avec le nom BERNART en légende, portait : *un lion léopardé et un loup, passants l'un sur l'autre.* — En 1412, Bernard s'était marié à Doña BONA - MARTINEZ DE BAQUEDANO ET SAULT, fille de *Don Diego - Martinez de Baquedano, che-valier, seigneur du palais de Beire et de San - Martin - de - Unx, sergent d'armes du roi et sénéchal d'Olite,* et de *Doña Estebania de Sault,* [Armes de Baque-dano : *fascé d'or et d'argent de 6 pièces,* = à enquérir.] Le roi de Navarre assista au mariage et promit à Bernard d'Ezpeleta un présent de nôces de 2,000 florins d'or qu'il ne toucha qu'en 1439. — Bernard fonda le majorat d'Ezpeleta de Beire (1) ; il eut de sa femme :

1º CARLOS qui suit ;

2º DIEGO qui a fondé la branche des marquis de Gongora, seigneurs d'Ezpeleta de Falces, rapportée au chapitre v.

3º GODEFROY D'EZPELETA qui mourut célibataire. En 1443 il servait avec une lance, à 15 florins d'or de solde par mois, et en 1450, il était châtelain de Milagro.

4º et CATALINA D'EZPELETA mariée en la ville de Tafalla.

XIII. CARLOS D'EZPELETA ET BAQUEDANO, CHEVALIER, SEIGNEUR DE BEIRE ET SAN-MARTIN-DE-UNX, était échanson de la reine Blanche de Navarre qui lui fit un legs de 40 florins d'or, par son testament du 17 février 1439. Don Carlos d'Ezpeleta épousa Doña CATALINA DE BAQUEDANO, fille du *vicomte d'Utarenes* (2). [Armes *comme ci-dessus.*] — De ce mariage

(1) Archives de Pampelune, c. 122 n. 26, c. 131 n. 35, c. 143 n. 48, et c. 193 n. 4. — Arch. de M. le comte d'Ezppeleta, *Origen del Palacio de Beire y entroncamiento à él de los Señores de Ezpeleta,* Msc. — Yanguas, *Diccionario* etc., tome I, pages 476 et suivantes.

(2) Arch. de Pampelune, c. 161 n. 4. — Arch. de M. le comte d'Ezpeleta.

naquirent :

 1º BERNARD qui suit ;

 2º et LOPEZ D'EZPELETA marié à Estella avec Doña MARIA-PEREZ DE MENDAVIA dont
 il eut plusieurs fils qui étaient sous la tutelle de leur mère, en 1501. — Les droits
 de cette branche qui a possédé la seigneurie de Sortada, étaient représentés en 1712
 par Don Géronimo de Navarre et Doña Teresa Ladron de Cegama, sa femme.

XIV. BERNARD D'EZPELETA ET BAQUEDANO, IIᵉ DU NOM, CHEVALIER,
SEIGNEUR DE BEIRE ET DE SAN-MARTIN-DE-UNX, sénéchal d'Olite, est
nommé avec Diego d'Ezpeleta, son oncle, Jean, seigneur d'Ezpeleta et
vicomte de Valderro, et Juan d'Ezpeleta, seigneur de Ziligueta, sénéchal
de Sangüesa, parmi les chefs de la faction Agramontaise réunis à Tafalla,
en 1474, par la princesse Léonor. En 1494 il assista avec Cristian d'Ezpeleta, chevalier, seigneur de Ziligueta, sénéchal de Sangüesa, et Lopez
d'Ezpeleta, au sacre et couronnement de Jean d'Albret et de Catherine
de Navarre. — Don Bernard épousa Doña CATALINA PASQUIER, fille du
*seigneur de Varillas*, qui vivait veuve en 1498. [Armes de Pasquier : *d'or
à 3 chevrons ceintrés d'azur, chargés chacun d'un oiseau d'argent.*] — De cette
union sont issus (1) :

 1º JUAN mort jeune.

 2º CARLOS mort étant étudiant à Cuenca.

 3º BERNARD D'EZPELETA, chevalier et commandeur de Saint-Jean de Jérusalem, de
 la langue de Navarre et Aragon, amiral de l'escadre de l'ordre. Il contribua puis-
 samment à la défense de Rhodes, lors du siége fameux que le grand maître Villiers
 de l'Isle-Adam soutint contre Soliman, de 1522 à 1523.

 4º DIEGO qui suit ;

 5º CATALINA D'EZPELETA mariée à BALTHAZAR DE GARRO, écuyer, seigneur d'Olhaïz
 et du palais d'Iraïsoz. — Elle mourut sans postérité.

 6º ISABEL D'EZPELETA qui épousa Don BERNARDINO LOPEZ, de Calahorra.

 7º MARQUESA D'EZPELETA femme de Don MARTINEZ DE CASEDA, d'Estella.

(1) Archives de Pampelune c. 162 n. 55. — Archives de M. le comte d'Ezpeleta. — Yanguas, etc.

8º Margarita.

9º Léonor.

10º et Ana d'Ezpeleta qui fut abbesse d'un couvent de religieuses.

xv. Diego d'Ezpeleta et Pasquier, seigneur de Beire et de San - Martin - de - Unx, obtint en 1546 et 1547 deux sentences de la cour royale de Navarre contre ses vassaux de Beire. — Il se maria à Doña Ana de Jaso Azpilcueta et Xavier, fille de *Don Juan de Jaso & Alondo, seigneur de Xavier, d'Azpilcueta, d'Idocin et du palais de Jaso [Lascor de Jaxu en Cize], alcalde de la cour et président du conseil royal de Navarre, et de Doña Juana d'Azpilcueta & Aznarez de Xavier*, et sœur de *Saint François de Xavier*. [Armes de Jaso : *parti, au 1 d'or à un arbre de sinople, et un ours levé de sable, les pattes de devant appuyées sur le fût de l'arbre*, qui est de Jaso ; *au 2 coupé, en chef de gueules au croissant d'argent versé et bordé d'un componé de sable et d'or, et en pointe d'argent au chef échiqueté d'or et de sable de deux tires*, qui est de Xavier.] (1) — Don Diego eut de ce mariage :

1º Juan mort en bas âge.

2º Ambrosio mort en bas âge.

3º Miguel qui suit;

4º Diego mort jeune,

5º et Francisca d'Ezpeleta mariée à Tafalla avec Don Bernardino de Baquedano.

xvi. Miguel d'Ezpeleta et Jaso de Xavier, 1er du nom, seigneur de Beire et de San - Martin - de - Unx, obtint en 1548 une sentence de la cour souveraine de Pampelune reconnaissant que son palais de Beire était noble et classé parmi les *palacios de cabo de armeria* du royaume de Navarre, et assista aux Cortès de Navarre en 1550, comme seigneur du palais de Beire (2). — Il épousa Doña Léonor de Goñi, fille du *docteur Don*

(1) Archives de Pampelune, *catalogue de Liciniano*, et portefeuille 13, liasse 66. — Archives de M. le comte d'Ezpeleta. — Yanguas etc.

(2) Archives de Pampelune, *catalogue de Liciniano*, et *registres des Cortès*. — Archives de M. le comte d'Ezpeleta. — Yanguas etc.

*Pedro de Goñi, seigneur de Cintruenigo.* [Armes de Goñi: *d'or à la croix de gueules chargée de 4 cœurs d'argent.*] — De cette union vinrent :

1° JUAN mort étant étudiant à Pampelune.

2° LÉON qui suit ;

3° MIGUEL,

4° DIEGO.

5° BERNARD D'EZPELETA, chevalier de Saint-Jean de Jérusalem et grand prieur de Navarre de 1602 à 1613 (1).

6° GÉRONIMO D'EZPELETA, jésuite, mort dans l'Inde.

7° et ISABEL D'EZPELETA mariée au licencié Don FRANCÈS D'ATONDO, conseiller en la cour royale de Navarre, dont elle était veuve en 1579.

XVII. LÉON D'EZPELETA ET GOÑI, 1er DU NOM, SEIGNEUR DE BEIRE etc., avait déjà succédé à son père en 1567. Le 15 août 1568 Philippe II, roi d'Espagne, lui accorda une pension annuelle de 30,000 maravédis, en récompense de ses bons services, et il le nomma châtelain [*alcaïde*] de la ville d'Olite par lettres du 24 juillet 1593, en remplacement de Dⁿ Luis Diaz Aux d'Armendarits décédé (2). — Dⁿ Léon d'Ezpeleta avait épousé Doña MARIA D'ATONDO, fille du *licencié Don Francès, seigneur du palais d'Atondo.* [Armes d'Atondo : *écartelé, aux 1 et 4 de gueules à la chaîne d'or mise en orle et en bande; aux 2 et 3 de gueules au griffon d'or couronné, les pattes de devant, les ailes, la queue et la couronne d'azur (a).*] — Il eut de ce mariage :

1° MIGUEL qui suit ;

2° BERNARDO.

(a) Jean II, roi de Navarre, avait donné à la maison d'Atondo le droit d'écarteler ses armes des chaînes royales disposées en orle et en bande, pour perpétuer le souvenir du dévouement de Don Juan d'Atondo, auditeur à la chambre des comptes. En 1471 les Agramontais tentèrent de s'emparer par surprise de la ville de Pampelune occupée par les Beaumontais : une nuit, Atondo ouvrit la porte de la Zapaterie aux troupes Agramontaises, et se rendit maître de la tour qui s'élevait au-dessus de cette porte ; mais, prévenus à temps, les Beaumontais chargèrent leurs ennemis et en tuèrent un grand nombre. — Belsunce, *Histoire des Basques*, tome III, pages 379 et suivantes.

(1) *Dicc. hist.-geogr. de España*, in-4., tome II, page 133.

(2) Archives de Pampelune, *catalogue de Liciniano*. — Archives de M. le comte d'Ezpeleta.

# ERRATA

Page 1, ligne 5, au lieu de *Euzkariens*, lisez *Euskariens*.

Page 2, ligne 23, au lieu de *Mérindée*, lisez *Mérindé*.

Page 7, note 2, au lieu de *Salazar, Historia* etc., lisez *Henao, Averigaciones de las antigüedades de Çantabria*, Salamanca, 1689-91, 2 vol. in-f⁰, tome II, page 401.

Page 12, ligne 9, au lieu de *Arraud-Guillaume de Sault*, lisez *Guillaume-Arnaud de Sault*.

Page 19, ligne 1, au lieu de *écuyer du roi Navarre*, lisez *écuyer du roi de Navarre*.

Page 20, ligne 2, après *dépendances*, ajoutez *à Mutiloa*.

Page 35, ligne 16, au lieu de *escudeso*, lisez *escudero*.

Page 41, ligne 13, après *le gouvernement* ajoutez *de ses enfants*.

Page 44, ligne 24, au lieu de *qu'il a rendus*, lisez *qu'il avait rendus*.

Page 45, ligne 9, au lieu de *1648*, lisez *1638*.

Page 52, ligne 19, au lieu de *Juan d'Ursua*, lisez *Jayme d'Ursua*.

Page 52, ligne 23, au lieu de *baron*, lisez *seigneur*.

Page 65, ligne 20, au lieu de *Boudèaulx*, lisez *Bourdeaulx*.

Page 79, note, ligne 8, au lieu de *Parls*, lisez *Paris*.

www.ingramcontent.com/pod-product-compliance
Lightning Source LLC
Chambersburg PA
CBHW052045270326
41931CB00012B/2630